教育者は、聖職者である。

勇志国際高校
校長　野田　将晴

高木書房

まえがき　本書出版への思い

平成十六年十二月一日は、私たちにとって最も記念すべき日となった。御所浦町が教育特区の認定を受けることが内定した日である。

一週間後の十二月八日、御所浦町の岡部鷹司町長に小泉純一郎総理大臣から「御所浦町教育特区」の認定証が交付された。

翌平成十七年三月、勇志国際高等学校は御所浦町から株式会社立の広域通信制高等学校として認可をいただき、四月一日、旧御所浦町立牧島小学校の跡地での開校となった。その後、平成十八年には御所浦町は、市町合併で天草市となり、これに伴い当校は天草市教育特区の学校となった。

平成二十二年には、新たに熊本県知事から学校法人青叡舎学院設立の認可をいただき、教育特区による株式会社立の学校から、学校法人立の私立通信制高等学校へと設置者変更となり、今日に至っている。

御所浦町は、熊本県内で唯一の離島の町である。

八代港から貸し切り船で約一時間、三角港から定期船で約一時間、上天草市竜ヶ岳町からフェリーで四十五分、天草市倉岳町から同じくフェリーで四十五分の距離である。

開校当時、行政関係者や教育関係者は、あの辺鄙な離島で何年持つかなと思っていたそうである。

しかし、その「期待」を裏切った。

通信制は年度途中でも編入、転入での入学があるから、最終的な生徒数は年度末でなければ分からないのであるが、開校当時の生徒数一一四名が、七年後の生徒数は一千名を早々とオーバーし、広域ではあるが熊本県内では大規模校の仲間入りとなった。

すさまじい勢いで少子化が進む中にもかかわらず、この辺鄙《へんぴ》な離島の通信制高校に着実な生徒数の増加がある理由が、実は私たちもよくわからなかった。

しかし、それは生徒たちが教えてくれた。

「勇志の先生たちは違う」

と彼らは言うのだ。それが評判になり口コミで生徒が増えてきたのだった。

もともと私は、教員免許を持っているのでもなく、当然学校現場は全く経験が無い。旧友であった熊本叡径氏（現学校法人青叡舎学院理事長）から学校設立の相談をいただいて、熊本県内の廃校一覧を片手に設立準備に飛び回る間、自分が校長に就任することなど予想だにしなかった。

それが認可の下りることが確実となった頃、熊本氏から改めて校長就任の依頼があった。校長就任に教員免許の有無は関係ないことを、そのとき知った。

軌道に乗るまでとの条件のもと、お引き受けして七年が経った。軌道に乗ってきたかなと思いつつも、まだ大事な何かがあるような気がしていた。

開校を控えた頃、当校の教育方針を決めた。学校として目指すべき人間の理想像を次の五項目にまとめたのがそれである。

1　親孝行する青少年たれ
2　志ある人間たれ
3　誇りある日本人たれ
4　役に立つ国民たれ

５　尊敬される国際人たれ

学校法人立として再スタートする事になった時、遅ればせながら次の校訓を決めた。

「勇志の心　国を愛し　郷土を愛し　人を愛する」

しかし、これだけではまだ何か足りないと感じていた。
それは、当校の教職員のための心得であった。そのことに昨年末になって気がついた。
一気に書き上げたのが次の「教育者のための心得」である。

1　教育者は、聖職者である。
2　教育者は、自らを鍛錬し、生徒に対しては長所を伸ばす指導法を基本とする。
3　教育者は、自己責任を行動原理とする。
4　教育者は、学校の健全な発展に努める。
5　教育者は、教育は国家百年の大計であると心得る。

6　教育者は、生徒の教育を本位として行動する。
7　教育者は、教育を通して利他の精神に基づく文化を創造する。
8　教育者は、国を愛し、郷土を愛し、人を愛する。
9　教育者は、正しい歴史観と国家観が教育の基本と認識する。
10　教育者は、問題行動等に対しては、毅然とした態度で適切な指導を行う。

書き上げた後で改めて気がついたことがあった。それは日教組の「教師のための倫理綱領」の存在だ。

読んでみて唖然とした。

教育者としての崇高な使命感が全く感じられないのだ。解説文を読むとこの倫理綱領は明らかに階級史観によって書かれたものであるとわかった。

そして、この倫理綱領以外に、わが国の教育界には、教師のための指針となるべきものが何もないという信じられない事実も知った。

これは重大な問題だと思った。

昨年の秋ごろから、当校の理事でもある日本政策研究センターの伊藤哲夫代表と熊本叡径理事長の間で、当校の七年間の活動記録のような本を出版しようという計画があった。

その具体的打ち合わせを、高木書房の斎藤信二社長と私とで行っている中で、その本の骨子にこの「心得」を持ってきて、世に問うことにしようとなったのである。

わが国の教育は、もはや一刻の猶予も無いところまで衰退している。一日でも早く立て直さないと、わが国に明るい未来は無い。

この書が、教育再生の一助となればこれにすぐる喜びはない。

野田 将晴

教育者は、聖職者である。

―目次―

第五章　教育者は、教育は国家百年の大計であると心得る。

第六章　教育者は、生徒の教育を本位として行動する。

第七章　教育者は、教育を通して利他の精神に基づく文化を創造する。

第十章　教育者は、問題行動等に対しては、毅然とした態度で適切な指導を行う。

第一章　教育者は、聖職者である。

教育が単なる労働であってはならない。明日の日本を担う青少年の教育は、極めて尊くまさに聖職であり、これに従事する教育者は聖職者である。

それを強く感じた一つの体験をまず紹介したい。

義を見てせざるは勇なきなり

「校長先生、僕は勇志に行かなかったら一〇〇%やくざになっていました」

卒業後、久し振りに会った今田良一はすでに二十三歳になり、先ごろ付き合っている女性との入籍を済ませ、三ヵ月後には長女が誕生するということを報告したあとで、彼は突然堰を切ったように昔の話をし始めた。

熊本県在住の彼が編入学してきたのは、当校を開校した平成十七年の二学期が始まるときだった。

中学時代は、今もって伝説になっているほどのワルで、地元の公立高校に進学はしたが、隣接する他の高校に単身殴りこみをかけ、暴れまわっているところに、止めに入ったその高校の先生に、振り向きざまにストレートパンチをお見舞いして退学処分になった。

その後、刑事事件を起こして補導され、保護監察処分中に同級生たちとは一年遅れとなるが、一年生として開校一年目の当校に年度途中で編入学してきたのであった。

当校は広域の通信制高校である。広域だから生徒は全国各地から入学してくる。学期の途中であっても他校からの転入学や、この今田良一のように退学後間をおいて編入学してくる場合もある。

また、通信制だから日常は自宅で「添削指導」といって、ネットや、ネット環境がない家庭の場合は学校から送られてくる紙レポートの課題を自習して提出する。そして年間決められた時間数「面接授業」を受けるのである。

「面接授業」というのは学校に登校して全日制高校と同じように教室などで授業を受けることである。その方法は各校で工夫を凝らしているので千差万別であるが、勇志国際高校では集中スクーリングといって、一年間の分をまとめて天草の本校に来て泊りがけの合宿方式で実施している。

一回のスクーリング参加者は少ないときで四十名前後、多いときは七十名前後である。近年は生徒数が著しく増加したから、一週間おきに実施している。生徒はそのうちのどれかに参加するというわけだ。

今田良一が参加したときのスクーリングのことは忘れられない。

彼は初めて私が面談したとき
「俺、いっぱい悪いことしてきたけど、弱いものいじめだけは絶対していないよ」

と、胸を張ったことを思い出して、宿割りと部屋割りのとき、同じ一年生で、彼とは全く反対のタイプの黒木太一と、同じ部屋にした。

宿泊は地元に十二軒ある民宿だ。六畳の部屋に四人の雑魚寝である。

黒木太一のくわしいことはあとで紹介するが、小学校四年から中学校を卒業するまで不登校を「貫いた」つわものである。

心に病を持っており、週二回は地元の心療内科に通院していた。

今田良一がヤンチャ系の典型なら、黒木太一はおとなしい方の典型だ。

この組み合わせがうまくいった。

今田良一は同室の黒木太一に、同情ではなく自分と同質の何かをもっているように感じて、気になって仕方がなかったという。

黒木太一の方は生まれて初めての合宿経験の中で同室となった怖いタイプの良一先輩（学年は同じでも年齢は一年上）が、自分のことを気にかけてくれるのがうれしくてしょうがない。

お互いに補完しつつ良い方向に向かったのは、期待以上であった。

その今田良一が三年生になった直後のこと、また傷害事件を起こした。

弟分のガールフレンドが他校の高校生にレイプされるという事件が起こり、それが許せない今田良一はその弟分を同行してレイプ犯を呼び出し、問い詰めたというのだ。

ところがそのにっくきレイプ犯の高校生が「それがどうした」と開き直ったから大変、穏やかさを取り戻しつつあった今田良一の正義感と義侠心がめらめらと燃え上がったのは言うまでもない。

そいつの横っ面を思いっきり平手でひっぱたく。

弟分は、兄貴分を少年院行きにしてはならじと、必死で止め、その場は終わった。

しかしひっぱたかれたレイプ犯の少年は、家に帰って母親に赤くはれたビンタを問い詰められて「良一からやられた」と、自分のやったことは棚に上げて告げ口をしたので、母親は「また、あの札つきの良一め」というわけで警察に診断書を添えて届け出たという事件であった。

私は彼を呼び出して事情を聞いた。

彼はまた退学になるかと思ったのか、最初のうちは身構えていたが、結局は正直に話してくれた。
私は感動した。
思わず彼を抱きしめて
「お前は男の中の男だ。俺が見込んだだけのことはある。『義を見てせざるは勇無きなり』という言葉があるが知ってるか」
というと、彼は
「知らない」
と言うから
「意味は後で教えてやる。今回お前がやったことがそれだ。男にとって最も大事な生き方のことだ。しかし今の日本の男共が一番忘れていることでもある。それをお前は身をもって示した。その気持ちを今からも絶対に忘れるな。お前のことは俺が守ってやるから心配するな」
と言ってさらに腕に力を込めた。
「先生、苦しいから離してくれ」

「すまん、すまん」

と言って抱きしめていた手を離したときの彼の顔が輝いていたのを忘れることができない。今田良一は、明日もう一度会いたいといって帰路についた。

翌日、会ってみると、それまでの金髪を黒髪に染めてきていた。そして
「校長先生。俺大学に行こうと思います。今から間に合いますか」

と言うのだ。

「先生たちが全力でサポートするから大丈夫、間に合うぞ。ところで大学に行って何になるんだ」

「学校の先生になりたい」

「小・中・高校とあるが、どんな学校の先生になるんだ」

「勇志国際高校の先生になりたい」

と言うのである。

私は感動して
「そのときは理事長先生に相談してあげるよ」

と約束をして、その場を別れたのだった。

幸いにも彼が訴追されることはなかった。

今田良一は、大学入試に向けて人が変ったように勉強を始めた。そして見事に隣県の四年制の某私立大学に合格したのだった。

残念ながら先生になるという夢は頓挫したが、目の前にいる今田良一は、本当にあの子かと信じがたいほどの変わりようである。

言葉遣いや挨拶、物腰、話しぶり全てが「今時の若者」には珍しいほど穏やかで、落ち着きがあり、明るさと力強さも備わっている。

「校長先生、あの頃僕は、暴力団から何度もスカウトされていました。勇志に入学しなかったら、間違いなく誘いに乗っていました。僕と一緒にあの時、高校を首になった友達は誘いに乗ってヤクザになっていますが、そいつは今になって後悔しています」

と打ち明けてくれた。

今田良一が「暴力団のスカウト」に乗らなかったのは、一回目のスクーリングで同室となって友情が芽生えた黒木太一によるところが大きいと彼は言うのである。

彼が感じたと言う「同質」の何かは、「優しさ」だったのである。

今田良一は毎日喧嘩しては、その都度警察に補導されるくらい荒れに荒れていたが、心根の実に優しい子だった。

例えば彼が中学時代の逸話の一つにこんな話がある。

クラス対抗の長縄跳び大会の練習でのこと。彼のクラスに足の悪い子がいて、どうしても連続五回以上が飛べなかったという。そのとき今田良一は、金髪にそりこみを入れ眉をそり落とした異様ないでたちであったが、その足の悪い子の両手を取って調子を合わせて一緒に飛び、とうとう三十回まで飛べるまでにサポートしたので、その子は肩身の狭い思いをせずにすんだという。

良一はそのことをすっかり忘れていたが、地元の成人式の際、再会したその足の悪い子から涙ながらに当時のことを感謝されたのだという。

一方、黒木太一も弟をぶん殴ったことを後悔して悩み、泣きながら私に相談するほど優しい子だった。お互いに全く違うタイプながら、その本質において愛情をあふれるほど持っている「素晴らしい子」だったのである。

今田良一は黒木太一とふれあううちに本来持っていた「優しさ」がこんこんと湧きでてきて、その結果、暴力団とは相容れない心境になっていたというわけだ。

そこまで会話が進んだところで、私は「義を見てせざるは勇無きなり」の意味をその後、彼に教えていなかったことに気がついた。

改めてその意味を教えて再会を約して別れた。

教育に携わる者としての至福のときであった。

教育は聖職であって、断じて学校を職場として教育労働を売ってその対価を得る労働者などではないと、確信する瞬間でもあった。

教師は労働者か？

日教組の「教師の倫理綱領」その第八項に「教師は労働者である」とある。

わが国では教育者は常に「聖職者」という自覚と誇りを堅持してきた。しかし昭和二十七年（一九五二年）六月十六日の第九回日教組定期大会で採択されたこの倫理綱領によって、自らを労働者とした。つまり青少年の教育を労働と認識し教師はその労働の対価を得る存在であるとしたのである。「労働力を売って飯を食っているという自覚が日教組のあらゆる運動の重要な基盤」（『戦後教育労働運動史—私の日教組　光と影』内田宜人）となってきたのだ。

教育が単なる労働であってはならない。明日の日本を担う青少年の教育は、極めて尊くまさに聖職であり、これに従事する教育者は聖職者である。
その認識と誇りを教育界に取り戻さなければならない。

階級闘争史観で書かれた文書

また、この「教師は労働者である」とした思想的背景にマルクス・レーニン主義があることは余りにも明白である。

平成二十一年（二〇〇九年）、日教組はサンフランシスコ講和条約調印をめぐる国内論争を背景に「教師の倫理綱領」の全文を紹介しているが、その説明文の中で、教師を労働者階級などとした表現が六回、資本家階級という表現二回、搾取という表現が七回にのぼる。

階級闘争史観は、マルクスとエンゲルスの共著『共産党宣言』で書かれた社会主義革命を必然とする史観である。

「生産力の発展に伴って生産手段の私有が発生すると、社会は生産手段を所有する支配階級（資本家階級＝ブルジョアジー）と生産手段を所有せずに搾取される被支配階級（労働者階級＝プロレタリアート）に二分される。発展する生産力と、固定化する傾向を持つ生産関係との矛盾は、やがて社会革命に発展するが、それは生産手段の所有関係の変更となって現れる。」（『倫理用語集』清水書院）

つまり、革命によって労働者階級が資本家階級を倒して社会主義社会↓共産主義社会へ移行するというもの。

この教師の倫理綱領は、階級闘争、階級史観そのものである。

旧ソ連の崩壊によって、この階級史観に基づくマルクス・レーニン主義は、人類史におぞましい暗黒の歴史を残して破綻し終焉《しゅうえん》したのではなかったのか。

にもかかわらず、わが国の教育界唯一の教師のための行動原理が、「階級闘争」を根底にしているという現実は、日本の最大の悲劇と言わざるを得ない。

日本の勤労観は傍楽《はたらく》文化

またその文書の「教師は労働者である」の項目の解説で

「日本には、古くから労働をいやしむ風潮があった」とした上で、「『教師は労働者とは違う』という考え方の中には、多かれ少なかれ、この労働をいやしめ、労働者をいやしめる考えがひそんでいる」

と書かれている。とんでもない言いがかりである。

教育者は聖職者であると考える私たちは、日本古来の価値観に基づく勤労観を根本思想としている。それは「働く」＝「傍楽《はたらく》」とする価値観だ。日本においては労働すなわち働くという行為は、「傍《はた》」つまり周囲の人々を「楽」にする、「幸せにする」行為と認識してきたのである。だからこそ「職業に貴賎なし」なのだ。これを傍楽文化と称する。

一方で、欧米を中心とするキリスト教文化圏では、労働観が全く違う。旧約聖書の創世記に、人類の始祖であるとされるアダムとイヴの物語があるが、エデンの園で二人は神から禁じられた善悪の知識の木の実を食べた罰として、額に汗して働かなければ食料を手にすることができないこととなったとある。つまり労働は神から人間に与えられた罰というわけである。労働をいやしむ風潮があったのは日本ではなくキリスト教文化圏である。

教師の倫理綱領の解説を執筆した者の勘違いなのか捏造《ねつぞう》なのか。そしてその誤謬《ごびゅう》に長年気づかなかった数多のわが国の教師たちの現実は何を物語るのか。

天皇陛下のお田植え

日本のそのような勤労観を最も象徴するものは、天皇陛下の宮中におけるお田植えと稲刈りの行事であろう。

天皇陛下は毎年五月になると皇居内にある水田で自らお田植えをされる。毎年種籾《たねもみ》を蒔き、苗を植え、秋には自ら収穫をされる。収穫された米は新嘗祭《にいなめさい》などの行事で神前に供えられる。

これは日本書紀に「天照大御神が自ら神田を営み、新嘗の祭りを行った」とあり、古代から大切にされてきた宮中行事の一つである。

国家元首自らが田んぼに入り田植えや稲刈りを国民に率先してなさる国がどこにあるか。世界の常識ではまさに奇跡と言ってもよい。

天皇陛下だけではない。皇后陛下は養蚕《ようさん》にいそしまれ日本古来の品種「小石丸」を守ってこられた。正倉院に保管されている貴重な宝物の中の、奈良・平安時代の絹織物の修復は、小石丸から生産される絹でなければならないのであるが、今やこの小石丸は宮中だけでしか生産されていない。すなわち皇后陛下によって貴重な伝統文化が守られているのである。

天皇皇后両陛下だけでもない。先述したとおり御皇室のご先祖とされる宇宙神でもある「天照大御神」自らが農耕をなさっていたとされているのだ。

日本では勤労は卑しいどころか神様に始まり歴代の天皇皇后両陛下自らが国民に率先して農耕作業をなさって来たのであった。つまり日本における勤労とは限りなく神聖な行為なのである。

教育が聖職であるために

日本においては働くことは傍を楽にする、つまり幸福にする行為であって、限りなく尊い。その中でも日本では人の命を預かるお医者様や次代を担う子供達を教え導く教育者を「先生」と呼んで尊敬してきた。

それは尊いさまざまな職業の中でも、最も重要で神聖な仕事とされてきたからである。つまり、聖職なのだ。

それは自分の都合は度外視して、医者は人の命を救い、教育者は将来の国民を育てるからだ。自分の都合を無視してその任務に、場合によっては自らの命すらかける職業である軍人（自衛官）や警察官、消防士、海上保安官などの職業も聖職として尊敬されてきた。

それは崇高な使命感に殉じる覚悟が求められるからであって、使命感より己の都合を優先するならば、それは聖職とはならないのだ。

つまり教育が聖職であり教育者が聖職者であるためには、自らのことより教育という聖職に殉じる覚悟がなければならないのだ。

教師が労働者であると宣言した瞬間から、教育者はその崇高な使命感を捨て己の都合利益を優先することを宣言したことになるのだ。それでセンセイを子供達が尊敬できるだろうか。

教育者は聖職者であるとする意味は、教育に携わるものが、その崇高な使命に自己の人生をかけるという宣言なのである。

それがいやなら教育者になる資格はないのだ。

「校長先生、山がきれいですね」

今田良一の話のとき出てきた黒木太一のことを記しておこうと思う。

開校七年目にして当校の生徒数は一〇〇〇名を大きくオーバーするまでになったが、開校当初は一一四名からのスタートであった。その一一四名のうちの一番最初に中学校卒業と同時に入学してきた生徒が黒木太一である。

彼は人の顔をまともに見ることができず、従って人とのコミュニケーションが取れないという心の病で週二回心療内科に通院し、薬も片方の手のひらに余るほど飲んでいた。その黒木太一にとってスクーリングへの参加は、宇宙旅行をするくらいの大冒険だったはずである。彼の転機はその大冒険に勇気を出して一人で参加したときから始まった。

そして、今田良一との出会いがあったのである。

スクーリングが中日となった日のお昼休みのことである。校舎の前の運動場の真ん中に、黒木太一が一人ぽつんと立って、山のほうを見ている。

当校は御所浦町にあるが、この町は平成十八年に市町村合併で天草市の一部となるまでは、熊本県で唯一の離島の町であった。

周囲を静かで美しい海に囲まれた御所浦へ行くには、今も船に乗るか泳いで渡るしかない。

面積二十平方km、人口三六〇〇人、恐竜の化石が出るので恐竜の島として有名である。純朴な島の人々と豊かな自然は全国からやってくる生徒たちの心を和ませ癒してくれる。校舎は何年か前に統合されて廃校になった元小学校の施設を活用している。美しい静かな湾に面し三方面を山に囲まれた狭隘《きょうあい》な地にある。

さて、ぽつんと一人で立っている黒木太一を見て、私は病気がぶり返したかなと心配になって後ろから近づき、肩をたたいて「太一、どうした？」と声をかけた。

彼は振り向いて
「校長先生、山がきれいですね」

と言った。

その顔が輝いていた。

目はしっかりと私の目を見ている。

彼の家は美しい山村にある。

小学校四年生から不登校だったから、その美しい山ばかり見て生活してきたはずだ。彼はスクーリングに来て、生まれて初めて海を見たのであった。だから「海がきれいですね」と言うなら分かる。しかし「山がきれいですね」と彼は言ったのだ。

そのとき彼の心境に大きな変化があったなと私は感じたのだが、そのことは彼には言わなかった。

スクーリングが明日で終了するという日の午後、校長室に黒木太一がやってきた。

「校長先生、お願いがあります」

と言う。

「明日スクーリングが終わるけど、自分だけしばらくこのまま残ることはできませんか」

と言うのだ。

「気持ちは分かるがおうちの皆さんが心配されるから、いったん帰りな。そしてまた遊びに来ればいいじゃないか」

と言ったが、今日の彼は珍しくしつこい。

「何でそんなに帰りたくないんだ？」

と聞いたら、

「家に帰るのが怖い」

と、予想もしなかった言葉が彼の口から出たのだ。

彼の家庭事情は、私は家庭訪問していたから分かっていた。

母子家庭で、お母さんは昼間は仕事をしておられる。

彼は四人兄弟の長男で三人の弟たちは元気に学校へ行っている。したがって昼間はおばあちゃんと二人きりである。

そのおばあちゃんは仏様みたいに優しい方だ。

だから私は彼に言った。

「太一よ、君の家は昼間はあの優しいおばあちゃんと二人じゃないか。それが何で家に帰るのが怖いと言うのだい？」

すると彼の口から出てきた言葉は
「自由が怖い」

最初、私はその意味が飲み込めなかった。色々話しているうちにピンと来るものがあったので聞いてみた。

「太一よ、自由が怖いと言う意味は、家に帰ると自分勝手にできる自由な時間が一杯あるが、その生活に戻るのが怖いということか?」

するとと彼はにっこり笑って大きく頷《うなず》いた。

黒木太一は小学校四年から長い間学校へ行けず家に引きこもっていたから、自由な時間は両手に余るほどあった。しかし何も好き好んでそんな生活をしているのではない。学校に行きたくてもどうしても怖くて行けなかったのだ。

常に焦《あせ》りと将来への不安で心の中は一杯だったのだ。それが募って恐怖心となって、その中で立ちすくんでいたのだ。

そんな彼がスクーリングに参加した。

そこでは、朝は七時に起床させられ、朝は八時半から夜は八時まで授業、授業の連続。もちろん中一日は島の自然を満喫できる楽しい体験学習も組んではあるが、今まで長いこと学校へ行っていないから窮屈で仕方がなかったはずだ。

民宿へ帰れば団体生活だ。しかも、六畳の間に四人が雑魚寝《ざこね》だ。日常と違ってほとんど自分に自由になる時間がない。

まさに「非日常」体験である。

しかし、焦りも不安もない。自由な時間はないが充実感と安定感があった。初めて味わう「将来へのいいしれぬ恐怖」からの解放感であった。

しかし、家に帰れば、また、自由ではあるが焦りと不安という恐怖の日常生活が待っている。彼が執拗《しつよう》に、もっと残してほしいと言ったのは、そのような意味であったのだ。私はそのとき、改めて「本当の自由とは何か」ということを考えさせられたのだった。

本当の自由とは、時間的な、或いは自分の意の通りになるという意味の「自由」とは、根本的に違う。

精神的な自由こそが本当の自由なのである。

自分の意思で考え、自分の責任で行動し、その結果について責任を取るということである。

他に責任を転嫁するのは自由がない状態である。つまり精神の自由とは「自己責任の原則」のことだと言ってもよい。

また精神の自由は欲望から解放された状態でもある。欲望に負けることは、その欲望の精神的な奴隷になったということである。

人間は欲望が完全になくなることはありえないが、どうでもよいような欲望をどれだけ捨てることができるかが精神の自由を得る道であり、人間の価値なのである。

さらに本当の自由とは、努力の結果得られるものである。努力なくして本当の自由の境地はない。

努力というのは、その間、自由は奪われる。しかし安定と安心、そして充実感がある。

そんなことを黒木太一は、この一件で私に教えてくれた。

それ以来、私は、本当の自由について、道徳の授業で生徒たちに必ず話すことにしている。


そんな話をしていたら、太一が突然声を上げて泣き出した。

びっくりして、どうしたのか聞くと、

「先生！　俺、ちゃんと人の顔を見て話ができてる！」

と言うのだった。

中日の昼休みに「山がきれいですね」と言ったときから、彼は心の病から解放されていたのであったが、そのことに「その瞬間」にやっと気がついたのだ。

黒木太一たちが無事に帰宅してから丁度一ヵ月程経ったころ、彼のお母さんから電話があった。

「校長先生、うちの太一はスクーリングで何かあったんでしょうか」

と聞かれるので、私の方がびっくりして
「太一君に何かあったんでしょうか」

とオウム返しに聞き返した。

お母さんの電話の内容は次のようなものであった。

「太一がスクーリングから帰ってきてからも週に二日は、私が付き添って今まで通りかかりつけの心療内科に通院していました。ところが、行く度に先生が頭を傾げられるのです。そして、薬の量がその都度減ってきました。そして、丁度一ヵ月目の今日、病院に行ってきましたが、『太一君はもう明日から来なくていいです。薬も飲まなくて大丈夫です』と先生がおっしゃるのです。そして『太一君に何があったのですか』と聞かれました。思い当たることは何もありませんから、きっとスクーリングのときだと思って、校長先生に電話でお聞きしてみようと思ったのです」

スクーリングでの経緯を報告したら、お母さんが電話の向こうで声をあげて泣きながら、

「何年間も治療を受けて、薬をいくら飲んでも改善する気配もなかったあの子が、完全に治ったんです」

と言って、何度も何度も御礼を言われるのだった。


何故、黒木太一の心の病がスクーリングに参加しただけで無くなったのか。

それは三つのことが考えられる。

一つには、先に書いたように、「非日常体験」の効果だ。

二つには、お互いの長所を認めあったということである。今田良一は黒木太一に同情ではなく、自分の中にある何か同質なものを感じたと言った。

ここにポイントがある。

その結果、黒木太一に今田良一との友情が芽生えた。

小学校四年から不登校になって家に引きこもってばかりいた黒木太一は、その間一人の友達もいなかった。

それが、スクーリングに来て同室になった金髪の怖い良一先輩が、自分のことを何かと気にかけて面倒を見てくれるし、励ましてもくれる。

彼は嬉しかった。

そして、良一先輩がまた警察沙汰になることがないようにと気になってしょうがなくなったというのだ。

彼の心の中で起こった変化、それは、友情という絆が生まれたことに伴って、自分のこと以外の、他人への感情移入ができたということである。

三つ目には、先生たちが不登校である自分を忘れさせてくれたことも大きな要素である。

心のバリアーを破る

多くの生徒たちを見てきて、現代の若者たちに共通する特徴があることに気がついた。

とりわけ不登校や引きこもりの若者にその特徴は顕著だ。

それは、自分の心の中に自分でバリアーを作っているということである。

そのバリアーの中には、親すらも入れない。

まして、他人など取り付く島もない。

同時に自分もまた、そのバリアーの外へ出られないのである。

時には本能的にバリアーの外の世界に出ようと試みる時があるはずだ。

しかし、そのバリアーに内側からぶつかって跳ね返されることをくり返しているのだ。

結局、くたくたに疲れ徒労《とろう》に終わる。そして、孤独という闇の中でもがき苦しんでいるのである。

まさに、生き地獄だ。


黒木太一がその典型であった。

その彼が、その生き地獄から生還できたのは、心のバリアーを破ることができたからに他ならない。

心のバリアーの外側に今田良一との友情という絆が生まれた。つまりバリアーの外に感情移入ができたのだ。するとその瞬間にさしもの強固な太一バリアーも跡形もなく消えてしまったのだ。

黒木太一は、その後、二年生、三年生と進級するに従い、成長著しかった。

三年生の時には、ＮＨＫ熊本支局制作の三十分ドキュメント番組で取りあげられたのだった。

不登校の生徒が立ち直って活動しているという番組を作りたいので、誰か紹介して欲しいとＮＨＫから学校に申し入れがあったのは、開校三年目のときだ。

私は迷わず、三年生になっていた黒木太一君を紹介することにした。

家族と本人の承諾を取るために、私は黒木太一の自宅に伺った。

お母さんとおばあさんは、本人さえ良ければということだったので、太一と話した。

「校長先生、昔の僕と同じように苦しんでいる人がまだ沢山いらっしゃると思います。そういう人たちに今の自分を見てもらうことでお役に立てるのなら、喜んで取材を受けます」

と言うのだった。

こんなに感動したことは後にも先にもない。

学校へ帰る車中で思い出すと涙があふれてきて、運転できなくなり、何度路肩に車を停車して涙を拭いたことか。

三日間に及ぶ密着取材であった。

彼は、テレビカメラが追っかける中で生活しなければならない。人様の顔をまともに見ることができなかったあの子が、堂々と臆することなく見事にその取材に応えていた。

番組放映後は、多くの視聴者から感動の声が寄せられたことは言うまでもない。

その黒木太一君も、今や二十二歳の立派な社会人となって、家計を支えながら弟たちの面倒を見ている。

やはり、教育は聖職なのだ。

第二章

教育者は、自らを鍛錬し、生徒に対しては長所を伸ばす指導法を基本とする。

教育者は、先ず自らを常に鍛錬する姿勢が求められる。その姿勢があって初めて、生徒に対して指導する資格があると言える。自らは怠惰な生き方をしていて、生徒にのみ努力を求めても伝わるはずがない。例えば、生徒に志を持てと指導するときは、教師自らが高い志を持っていなければならないように、である。

生徒を指導する方法には二種類がある。

生徒の欠点短所を指摘して矯正する方法と、生徒の長所を認めてその長所を伸ばす方法である。現代の日本の教育界では、前者が多く採用されているようだ。しかしこれは指導法としては極めて問題が多い。

矯正されるどころか却って欠点が大きくなって長所までなくなっていくという現象を惹き起こすからだ。

後者はその逆で、長所は認められればぐんぐん伸び、欠点までも消していく効果を生む。日本では、昔は「得手に帆を揚げ」（『始末に困る人』藤原正彦著）といって、後者の方法が常道であった。

もう一度、以前の教育法に還らなければならない。

「校長先生、柔道を教えてください」

開校して三年目のある日の事だった。

A教師と男子生徒Bがトラブルになった。私はその日出張していて、翌日その「事件」の報告を受けた。

言うまでもなく生徒のほうが一方的に悪い。しかし、A先生の対応が少しまずかった。その場を収めるために、生徒の要求に応じて、数発殴らせたというのである。

A先生は空手の猛者だから本気になれば、経験のない高校生の一人や二人軽くあしらえるのであるが、手を出せないという焦りが、判断を誤らせた。

私は

「生徒が悪いのはもちろんだが、教師として、生徒の要求に応じて殴らせた事は大きな間違いだ。なぜか。それは、生徒のほうは先生が承諾したから殴るのであって、反撃がない事が分かっている。男として最低の卑怯な行為だ。その卑怯な行為を教師である君がさせたということが間違いなのだ」

と諭した上で、この日の午後のカリキュラムを変更して、時々そのA先生が実施していた空手の実技の授業とした。

そして、顔面攻撃なしの極真会方式の組み手をやるよう指示をした。もちろんA先生とB君である。

目的は、A先生の名誉挽回とB君に自らがとった行為の非に気づかせるためである。

A先生はボクシング用のグローブをつけるのが条件だ。

ところが、B君がさらに条件をつけてきた。

B君は、素手で顔面攻撃を含めて、何をしてもいいという条件だ。

これでは空手にはならないが、A先生の名誉の問題であるから、受けてたたねばならない。

そこで私が審判をして、一分間の一本勝負とした。

試合は、B君にクリンチされて、双方倒れこみ、寝技になって勝負がつかないまま、一分間が経過した。

引き分けだ。

不完全燃焼に終わったが、そこは一応、不十分ではあったが一件落着となった。

そのあとのことである。よほど悔しかったと見えてA先生が
「校長先生、柔道を教えてください」

となったのである。

他の先生たちも是非教えてほしいというので、町の武道場を借りて週一日のペースでやろうとなった。

何回かやるうちに、女子の先生たちから
「校長先生、女性には教えてくれないのですか」

と抗議をうけた。もちろん快諾して次の週から女子職員も柔道着を着ることとなった。

スクーリング中はできないので、週一回のペースがなかなか守られず、思ったように上達しないが、心意気は天晴れと思っている。

それでも以前と比較すると、皆が、格段にたくましく心身ともに強靭になってきたのは間違いない。

そして、当校では全員が、自主的に筋トレを日課として行っている。

教育者たるもの、自ら鍛え上げる気持ちがなくては務まらない事を、当校の先生た

ちはよく知っている。

「校長先生、最近はよか子ばかり選んで入学させよるとですか?」

スクーリングの時に、生徒たちは御所浦に十二軒ある民宿に宿泊する。その民宿のご主人やおかみさんたちと、年に一回、その年のスクーリングが始まる前の五月頃、懇親会をするようになって四〜五年になる。

二年ほど前から、毎年おかみさんたちから異口同音に質問される。

「校長先生、最近はよか子ばかり選んで入学させよるとですか?」

最初の頃は、民宿にも大変ご苦労をおかけしたし、ご迷惑もかけた。ところが近年になって、雰囲気がすっかり変わったとおっしゃるのである。

「いい子ばかりで、言う事は聞く、挨拶もする、手伝いもしてくれるし、以前とは全然違う」

だから、いい子ばかりを選んで入学させているのではと、おっしゃるのである。

「とんでもない。出願があって、入学許可を出さなかったことは、ゼロではありませんが、ほとんどありませんよ」

と、正直にお答えしている。

我々教職員も、スクーリングのたびに、以前との余りの違いに感激させられる事の連続である。開校四年目くらいからその傾向がはっきりしてきた。

何故、こんなにも生徒たちのスクーリングを受講する態度が良くなったのであろうか。

「勇志の先生たちは違う」

一年前に卒業した山本五郎が、二年生から転入してきて、スクーリングに参加して来た時のことであった。

昼休みのとき、彼が、私の顔を見て何か話したさそうにしていたので、声をかけた。

彼は嬉しそうな表情を見せながら、

「校長先生、俺、先輩から勇志の先生たちは違うと聞いたから転校してきたんだ」

と言う。

「おう、そうか。そうか。それでどうだった？　実際の勇志の先生たちは？」

と尋ねた。

「その通りだったよ」

と答えたあとで、山本君は、前の学校での事を話し始めた。

前の学校は退学処分になって勇志に転校手続きをしたこと。

その学校では自分が二つワースト記録を作ったこと。

一つは学校始まって以来、初めての退学処分だったこと。その公立高校は、退学処分をしないことを昔からの伝統にしていたそうだ。

二つ目は一年間で十回の謹慎《きんしん》処分を受けた事だ、といって胸を張った。

謹慎期間の平均は一ヵ月だったというから、

「一年生の間、ほとんど学校に行けなかったのか？」

と聞いたら、そうじゃないと言う。

「謹慎というのは、出校停止ではなくて、学校の反省室にこもって、外にでるのを禁止されて、反省文を書かされたり、自習したりするのです」

校内に反省室という狭い部屋があって、謹慎処分になった生徒は、その部屋に登校して、トイレ以外の用で出てはならないそうである。

時折、生徒指導の先生が監督のために覗きに来るくらいで、孤独と退屈さに耐えるのが大変だと、山本は言った。

「よく我慢したなあ。しかし、性懲《しょうこ》りもなく、よくもまあ、謹慎処分になるような事を十回も繰り返したもんだ」

と、感心したら、

「俺を、あの学校の奴ら（先生たちのこと、彼の言葉のまま）は、問題が起こると調べもせずに、またお前だろうと決め付けるから、ああ、俺だよ。それがどうした」

と言って、全部引き受けたというのだ。

「何を言っても信用してくれないし、俺の事を、何度も謹慎処分でつらい思いをさせると自発的にやめるだろう、という会話を奴らがしていたのを、仲間が聞いていて俺に教えてくれたから、退学にされるまで、俺、意地でも頑張ったんだ」

「山本、お前は凄いな。悪い事するのはいかんが、お前のその根性は見上げたもんだ」

と言って、強く手を握り締めた。

勇志の先生たちはどこがどう違うのか、彼に聞いた。

「今までの先生たちは、みんな俺たちのことを認めてくれなかったけど、勇志の先生たちは俺たちを認めてくれる」

そこが違うというのだった。そして
「生徒たちは皆そういってるよ」

と言った。

当校の生徒指導の根本は、『長所を見て、長所を伸ばす』である。その方針を徹底してきたが、その結果が出てきたなと感じた瞬間でもあった。

長所を見て、欠点は見ない

開校後、数年間は大変だった。

その辺の事は第十章で詳しく報告するが、とにかく民宿のおかみさんたちが、最近良くなったといっていただけるということは、以前は悪かったということでもある。

随分迷惑をかけた。

それが二〜三年ほど前から変わってきたのだ。見違えるように素直になり問題行動がほとんどなくなってきて、それまでのスクーリングが嘘のようだった。

その理由が分かった。

山本五郎が『先輩から勇志の先生は違う』と聞いて入学してきたと言ったが、生徒たちのスクーリング受講する態度が一変した理由は、ここにあった。

彼らは、元気なタイプの子も、おとなしいタイプの子も、共通しているのは学校嫌いで先生不信が極めて強いという点である。

それは、生徒指導に当たって『欠点を指摘して矯正する方法』を採用しているからではないかと思われてならないのだ。

欠点を指摘されたら、その人は自分を理解していない、分かっていない、認めていないとなるのが、若者だけではなく、人情というものだ。

山本君が、勇志の先生は自分たちを認めてくれるといった意味は、勇志の先生たちが生徒たちの長所を認めてくれるということに他ならない。

これは彼に限った事ではない。人は誰でもそうだ。自分の長所を認められる事が、すなわち自分を認めてくれるということである。

長所を認めると、その長所がどんどん伸びる。他の長所までつられて伸びる。欠点はいつしか影を潜めていって、そのうち消えてなくなるのだ。

山本五郎は、その後、持ち前のリーダーシップを発揮して、模範的な生徒振りを遺憾なく見せてくれた。

前籍校での悪い方の二つの記録保持者とは想像もつかないほどであった。

生徒たちが変わってきたのは、この方針が当校の先生たちに浸透してきた結果だと分かった。

先生たちが、長所を見て伸ばす方針に徹する事ができるようになった結果、『勇志の先生たちは違う』という評判になり、口コミで広がっていったのだ。

だから、まず入学してきた時からして、以前とは違う。学校と教師に対する拒絶反応がないのだ。

最初の数年間は、生徒たちは『どうせ前の学校と同じで、自分たちのことを認めてくれない』と決め込んで入学してきたから、学校と先生を拒絶していて、反発ばかりしていたのだった。

ところがどうも違うぞとなってきて、心を開くようになったというわけだ。

その結果、『よか生徒ばかり選んで入学させよるとですか？』と、おかみさんたちに言ってもらえることになったという次第である。

わが国の教育界は、いつごろから、欠点ばかり指摘して教育するような風潮になったのだろう。

教育者は、この事の間違いに気づいて早急に改めて欲しいと思う。

我々の実践結果が、そのきっかけにでもなればと願わずにはおれないのだ。

褒めると認めるは違う

私は、先生たちに、長所を認めるよう指導してきたが、褒めるなともいってきた。矛盾しているようだが、そうではない。

「褒める」という行為は、表面に現れた言動を評価し賞賛する事であるが、『認める』

というのは、表面に出ていない隠れた長所を信じる事である。高校生にもなると、下手な褒め方をすると、『馬鹿にしている』と思われて、逆効果になる場合が多い。

あるいは、舞い上がって自分を見失う。

褒められるような事かどうかは、彼らが知っているということだ。

認める事は、褒める以上の効果がある。褒めるなら隠れている長所を信じた上でなければ効果はない。


長所を認めれば、その長所はぐんぐん伸びる。短所は消えていく。

短所を指摘すれば、その短所がさらに大きくなって、他の長所まで消えていく。

そのことを、日々の体験の中から確信するに至った。

これを、勇志方式として、さらに定着させ、先生たちの成長を楽しみにしていきたい。

第三章　教育者は、自己責任を行動原理とする。

戦後教育の特徴の一つは、人権教育にあった。

権利意識が強調されすぎた結果、義務意識が薄れ、責任を他へ転嫁する無責任な風潮になった。

この風潮を改め、責任感あふれる「社会人として自立した個人」を育てていくためには、教育者自らが自己責任を行動原理として範を示すことから始めなければならない。

天皇陛下は、世界で起こる天変地異ですら、自らの徳が足らないからだとして、さらに祈りを深められると聞く。

究極の自己責任の原則の尊い模範であろう。

日本人の価値観はまさにこの自己責任の原則にあるといって過言ではない。

生徒が反発するのは自分に原因がある

当校は通信制であるから、当然、おとなし過ぎる子から元気が良すぎる子まで、さまざまなタイプの生徒が在籍している。

最近はずいぶん減ったが、中には先生の指導に反発したり、騒いだりする子もいる。問題行動に発展した時の対応については、別章で論じる事にするが、そこまでいかないまでも、指導がうまくいかないという場合の対応が結構難しい。

そんな生徒たちも全ての授業がそうではないし、先生次第では従順に指導に従うのだ。

つい先日もこのような事があった。

その日の職員の終礼でのこと、私は次のような話をした。

「生徒が反発するのは、自分に原因があると思わなければならない。その生徒が反発しなくなるようにするには、どうしたらいいかと考えて、気が重くなっている事と思う。相手を変えるということは、実は大変困難な事と分かっているから、気も重くなるというものだ」

「しかし、原因が自分にあるのならば、自分が変われば相手も変わるということになる。それならば決して困難な事ではないはずだ」

「要は、自分がどう変ればいいかが、わかるか否かだ」

と言ったあとで、包容力について話しをした。

「人間の器は、包容力の大きさで決まる。特に生徒との関係においては最も大事だ」

「包容力がなければ、生徒と同じレベルになってしまって、その結果衝突する。大きな包容力で包み込んでしまえば、生徒は反発しようにも反発しようがなくなってしまう」

「大きな包容力で包み込んだ上で、指導しなければならない。その包容力はどうすればできるか。それは具体的には、生徒の長所を見る姿勢に徹することでできていくのです」

この長所を見て伸ばす指導方針については、第二章で報告をしたが、ほとんどの生徒たちが、今まで短所ばかり指摘されて指導を受けてきている。

短所を指摘された時、人はどのように反応するか、自分に置き換えてみれば誰にでも分かることだ。

だから、彼らは、学校や教師に対して、最初から反発しているのだ。当校に入学してくる生徒たちは、そんな子がほとんどだ。

当校では、いつもこの「長所を見て伸ばす方針」を確認しながら、徹底して実践してきたから、職員にはずいぶん浸透してきている。

しかし、現場では、生徒対応のその瞬間に判断して行動しなければならない。

だから、どんなベテランでも、たまには基本から外れる事もある。それが人間だ。

しかし、そんな時、生徒は敏感に反応して反発する。

忘れてならないのは、その結果は、生徒に責任があるのではなく、教師側にあるということなのだ。

全て自己責任なのだ。自己の責任だと自らを省みるからこそ、人間は成長できるのだ。

それは、校長である私自身のことでもある。

学校内で起こる全ての事象は、校長たる私の責任だ。

教師と生徒のトラブルや、生徒同士のトラブル、また生徒の地元で起こすトラブル（今ではほとんどなくなったが……）その全てだ。

つまり、私の「教職員や生徒の長所を見る」思いの強弱が、職員の指導姿勢に直接影響するからである。それが生徒に反映する。

今から一年ほど前のスクーリングでのことだったが、初めて参加した生徒の中に、特別元気が良く、仲の良い二人の男子生徒がいた。

スクーリングのスタート時点から、このうちの一人が、ある先生とトラブルになった。その場は何とか収まったが、その事がきっかけでその生徒二人に対する先生たちのイメージが極端に悪くなってしまった。

それは私の中でもそうであった。

すると案の定、その後も何度もトラブルを起こして、そのイメージを彼ら自らが実証して、このスクーリングが終わった。

新年度になって何回目かのスクーリングに、この子達が二度目のスクーリングに、参加することとなった。

先生たちの彼らに対するイメージがよみがえってきて、正直なところ、全員の気が重くなるばかりであった。

そのときフッと、校長である私自身が、この二人の長所を見ていない事に気がついた。

ああ、俺の責任だったなと、申し訳ない気持ちでいっぱいになって、彼らの長所は何かと考えた。

二人のうちの兄貴分でトラブルメーカーの方は、幼稚な判断基準ではあるが、正義感が人並みはずれて強い事を思い出した。

これは大きな長所だ。

そのときから、私は彼のその長所ばかりをイメージして、やんちゃでトラブルメーカーの側面は忘れる事にした。

先生たちにも、そのように指導した。

そして、その年のスクーリングが始まり、この二人が参加する回となった。

すると、驚いた事に、彼ら二人が前回とは打って変わって、従順で、真面目で、やる気満々なのだ。それどころか、なんと、他の参加者の模範になったのだ。

これには先生たちもびっくりした。

短期間のうちにこんなにも人は変われるものかと一瞬思ったが、思い直した。

彼らが変わったのではなく、私を含めて先生たちが変わったのだ。

我々が、彼らの長所を見る姿勢に立ち返った途端に、彼らの本質が現れたということだ。

本質は人間誰しも、素晴らしい長所だらけなのだ。

欠点というのはその長所が未だ表に出ていないから欠けた点といい、短所はその長所が未だ充分に表面に現れていないから短い所というのである。

この二人の生徒達が、ここに至るまでには、直接彼らを担当した職員の継続的で献身的な指導があってのことではあるが、校長である私が、以前のままの心境であったら、その職員の苦労も水泡に帰していたはずだ。

教育は自己責任の原則によって、こんなにも良くなるという貴重な体験の一つであった。

教育者は『真の自由人』たれ

第一章で、本当の自由とは精神的な自由であると書いた。そしてそれは、自分の意思で考え、自分の責任で行動し、その結果については責任を取るということであり、他に責任を転嫁するのは自由がない状態であって、精神の自由、つまり、真の自由というのは『自己責任の原則』のことだと、結論した。

他に責任があるという考えは、他に自分が影響されていると思うからこその発想である。逆に、自己に責任があるという考えは、自分が他に影響を及ぼしていると思うからこその発想となる。

つまり、他から影響を受ける状態を『不自由』というのである。

私は、教育者は、その意味において『真の自由人』でなければならないと思っている。生徒に対して、自己責任を説く以上、まず自らが範を示さねばならないからだ。

西郷南洲（隆盛）翁の遺訓の一節に、

『学を志すものは、規模を宏大にせずんばあるべからず。然れども唯これのみに偏倚すれば、或いは身を修むるに疎になり、規模を宏大にして、己に克ち、男子は人を容れるべく、人に容れられては済まざるなり」

とある。

『人を容れる』というのは、包容力のことである。

包容力の大きさが、人物の器の大きさなのである。大きな器は小さな器には入りきれない。

西郷南洲翁の器の大きさがうかがい知れる遺訓である。

教育者たるもの、特に生徒に対しては、大きな包容力で包み込んで指導に当たらなければならないのであるが、この遺訓は、正に、教育者の心構えを説かれたものといってもよい。

『人を大きな包容力で包み込む』というのは、言葉を変えれば『自己責任』に徹するということでもある。

他の責任に転嫁するのではなく、自己の責任として感じる感性こそが、包容力であり、遺訓にいう『人を容れる』ことである。

また、遺訓のほかの一節に、

『人を相手にせず天を相手にすべし。天を相手にして、己を尽くし、人を咎《とが》めず、我が誠の足らざるところを尋ぬべし』

ともある。

天とは、人によって、神であっても、仏であっても、ゴッドであっても良いが、この大宇宙を存在有らしめている大生命というような意味と、捉えておきたい。これ以上大きな存在はない。

日本では、建国されて以来、この思想を一心に貫かれてきた存在がある。歴代の天皇陛下である。

日本最古の歴史書である日本書紀の中に、次の神勅《しんちょく》（神様の言葉）がある。

吾が児、此の宝鏡を視まさむこと、当に吾を視るごとくすべし。与に床を同くし殿を共にして、斎鏡とすべし。

（あがこ、このたからのかがみをみまさむこと、まさにあをみるごとくすべし。ともにみゆかをおなじくしおほとのをひとつにして、いわひのかがみとすべし。）

意訳

「わが子よ、この宝鏡を見る時は、私を見るつもりでいなさい。ともに床を同じくして、大殿を一つにしておまつりしなさい」

宇宙神であられる天照大御神が、孫（天孫）であり天皇家の祖先であるニニギノミコトが現象界に天孫降臨なさるときに、授けられた神勅（神様のお言葉）であるが、この時授けられた三種の神器（鏡・剣・玉）は、代々の天皇が即位される時に受け継がれてきた。

その一つが鏡（ヤタノ鏡）である。

鏡は自分の顔を映すものである。鏡に映ったその顔を天照大御神と思えということは、常に天照大御神の心を自分の心としなさいという意味である。

まさに『人を相手にせず、天を相手とされてきた』ということである。

だから、私たち日本人は、『天を相手にする』という時、具体的には天皇陛下のお心をお手本にするということなのだ。

天皇陛下は、世界で起こる天変地異すらも自分の徳が足りないからだとして、祈りを深められると聞く。まさに究極の自己責任である。

つまり、世界最高の『自由人』であらせられると言えるのである。

人を咎《とが》めず、自分の誠意が足らなかったのだと思って、自らを省みて、さらに精進する生き方こそ、真の自由人のあり様なのだ。

教育者は、その意味において『真の自由人』を理想としたいものである。

「昭和天皇のマッカーサー元帥とのご会見」に見る究極の自己責任

歴代の天皇陛下は、究極の自己責任の原則を貫かれてきたと書いたが、具体的に歴史の中でどのようにそれが現れてきたかを、昭和天皇の御事跡から学びたいと思う。

昭和二十年八月十五日、日本は、ポツダム宣言の受諾を決定し、大東亜戦争は日本の敗北で終わった。

同年八月三十日、連合国軍最高司令官ダグラス・マッカーサーを乗せた飛行機が、厚木飛行場に着陸した。

七年間にわたる占領時代の始まりだ。

マッカーサーを最高司令官とする連合国の、日本に対する初期の占領政策の基本は、『日本降伏後における米国の初期の対日方針』で明らかなように、日本が再びアメリカの脅威にならないように、徹底的に弱体化することにあった。

天皇陛下については、アメリカ連邦議会で、天皇陛下を戦犯で裁くべしとする決議案が提出されるなど、アメリカ国内の世論は極めて厳しいものであった。

このような状況下に、天皇陛下とマッカーサー最高司令官との第一回の会見が行われたのであった。


昭和二十年九月二十七日午前十時、昭和天皇をお乗せした車が、アメリカ大使公邸の門をくぐった。

玄関にマッカーサーの姿はなく、二人の副官が迎えるのみであったという。

昭和天皇は通訳と二人だけで、マッカーサーが待つ奥の部屋へと進まれた。

マッカーサーは、天皇が命乞いに来たと思っていたという。

陛下を前にして、マッカーサーは、ソファーに深々と腰を下ろしたまま、例のコーン・

パイプを口にくわえたまま、応対した。

天皇陛下は国際儀礼どおりに、直立不動の姿勢をとって、ご挨拶を述べられた後で、

「私は、国民が戦争を遂行するに当たり、政治、軍事両面で行った全ての決定と行動に対する全責任を負うものとして、私自身を、あなたの代表する諸国の採決にゆだねるため、お訪ねした」(『マッカーサー回顧録』)

と述べられたと言う。

また、その時の通訳の報告書を見た藤田尚徳侍従長(当時)の『侍従長の回想』によれば、陛下がそのとき述べられた言葉は、次の通りだったと回想している。

「敗戦に至った戦争の、色々な責任が追及されているが、責任は全て私にある。文武百官は、私の任命するところだから、彼らに責任がない。私の一身がどうなろうと構わない。私はあなたにお任せする。この上は、どうか国民が生活に困らないよう、連合国の援助をお願いしたい」

マッカーサーは、

「私は、この瞬間、私の前にいる天皇が、日本の最上の紳士であることを感じ取った

のである」（『マッカーサー回顧録』）

と感動して、今度は自分が直立不動の姿勢をとって、陛下にお座りいただき、「天皇とはこのようなものでありましたか。私も日本人に生まれたかったです」と述べたと言う。

そして、お帰りの際は、玄関まで丁重にお見送りしたのであった。

このご会見によって感動したマッカーサーは、本国政府と交渉し、陛下への約束通りに、日本国民への食糧援助を実行したのである。

その結果、多くの国民が餓死から救われたのだ。

この会見の内容については、国民に知らされることはなかったが、昭和三十年に、会見当時の外務大臣であった重光葵が訪米した際に、マッカーサーと会い、その際に初めてこの時の回想を聞かされ、それを読売新聞に発表したことで、国民は初めて知ることとなった。

昭和五十二年夏、天皇陛下は、記者会見でマッカーサーとの会見のことを質問され、

「マッカーサー司令官と、はっきり、これはどこにも言わないと、約束を交わしたことですから。男子の一言のごときは、守らなければならない」

とお述べになり、その内容については、ご崩御まで、黙して語られなかったのである。

これこそ、まさに究極の自己責任の取り方である。

旧憲法下であっても、国策の決定に天皇陛下がご意見をお述べになることは、事実上禁じられていた。

日米決戦が決定される昭和十六年の四度に亘る御前会議でも、一言も発せられていない。

唯一の例外は、九月六日の会議で明治天皇の三国干渉のときの御製を、よみあげられた時であった。

四方の海　みなはらからと　思う世に　など波風の　たちさわぐらむ

戦争に反対のご意思を示されたのである。

しかし、最終的に、閣議は開戦を決定した。

陛下に直接の責任はない。

しかし、死刑をも覚悟の上で、全ては自分の責任だと申し出られたのである。


この『歴史秘話』は、我が校では総合学習の時間に各先生たちによって、生徒たちに今も伝えられており、大きな感動を呼んでいる。


わが国の教育者は、まことに幸せである。

このような天皇陛下を中心にいただいて、天皇陛下のお心を自らの心の鏡として、教育という国家にとって最も重要な任務に当たらせていただけるからだ。

そのことへの深い感謝こそが、教育の原点でなければならない。

第四章　教育者は、学校の健全な発展に努める。

日教組の倫理綱領にいわく、「教師は生活権を守るために団結する」という。そして、自らの待遇向上や偏った組合方針、さらには政治目的を要求するために、授業を放棄してデモに参加したり、校長との団体交渉に長時間を費やしたりしてきた。日教組に属する教師たちは、学校あっての教師であることを忘れ、生徒より組合、さらには、自分のことを優先する、教育者としてあるまじき姿でしかなかった。

学校の健全な発展なくして、健全な教育はあり得ない。

教育者たるもの、自らの生活権を主張する前に、学校の健全な発展のためにどこまで本気で努力しているかを問われなければならないのである。

このことは、公立私立を問わず同様である。

自らの所属する学校の発展を通してこそ、生徒への教育が充実し、ひいては日本の教育全体を良くすることができるからである。

学校崩壊は前からあった

もうかれこれ二十五年程も前のことになるが、私には忘れられない体験がある。

当時私は熊本県の県会議員としてまだ一期目だった。

郡部の県立A高校が、荒れているから視察してほしいという陳情が、その高校の保護者会からあった。

早速当時所属していた自民党県連の文教部会に呼びかけて、視察する計画を立てた。

ところがその日の朝になって、私以外は全員欠席だから取り止めたいという連絡が、視察をお世話する県教育委員会から入ったのだ。

妨害があったなと察したので、一泡吹かせてやれと思って、その高校にも教育委員会にも連絡せずに、一県議として乗り込んだ。

まず校長室で、教頭先生が応対してくださったが、どうも様子がおかしいのだ。

「教頭先生、校長先生はどうなさったのですか」

と聞くと、苦しそうな表情で
「実は……」

と前置きして言葉を選びながら、ぽつぽつと話し始められた。

「校長は入院しております。再起不能だと聞いております」

「ノイローゼが高じて、精神病院に入院しました」

「原因は教職員組合からの突き上げです」

事情が分かった。

この高校は、県内の高等学校教職員組合の拠点となっており、活動家がそろっていたのだ。

校長は常に団体交渉で突き上げられ、とうとう、心の病が高じて再起不能となった、というわけだ。

教頭先生は、そこまで話すと急に泣き出して
「実は私もこの学校に来て二年間のうち、何度も自殺しようとしましたが、未遂に終わりました」

と言って、左手首の傷を見せられるのだった。リスト・カットの傷跡だ。

これは容易ならない状態だと感じたので、授業風景を視察させて欲しいと申し入れた。するど、教頭先生が必死の形相で止めようとされるので、

「教頭先生、私は授業の様子を視察に来たのです。あなたが止められても力づくでも見ていきますよ。あなたに迷惑はかからないようにしますからご心配なく」

と言って、押しのけるようにして教室へと向かった。

驚いた。

授業中であったのにもかかわらず、廊下はがやがやしている。中には自転車を持ち込んで乗り回している生徒までいた。

授業風景はどの教室も同じで、先生は黒板を見て授業をしていて、生徒の方を見ない。生徒はというと、授業など誰も聞いてはいない。おしゃべりしたりトランプに興じたり、出入りも自由だ。

廊下の階段の下の空間には、空き缶がいくつもあり、見るとタバコの吸殻が詰まっている。

案内役の教頭先生は、私にぺこぺこ頭を下げて、すみません、すみませんと言うばかりで、全く生徒に対して注意しない。

校長室に戻ってからの教頭先生の話によると、荒れはじめたのは、組合が強くなって校長の突き上げがおおっぴらになってきてからだという。

生徒たちは、それをお手本にして、先生たちに反旗を翻していたのだ。

学校崩壊はこのころからあったのだ。

A高校の立て直し

視察から帰ってきて、党の文教部会を招集して視察報告をした。

余りのひどさに議員諸公も唖然として、同席した教育長が突き上げられた。

この当時の教育長はなかなかの豪傑で、即断で補充の校長人事を決めてくれた。

その候補者として、Ｂ先生がすぐその会議の場に呼ばれた。

Ｂ先生は、日教組と現場で長年戦ってきた人で、そのときは県教育委員会に勤務しておられたのだ。まだ教頭経験もなかったが、その場で口頭での辞令発表と異例ずくめの人事となった。

私は、その時B先生に
「先生、先生の骨は我々自民党が拾いますから、思う存分やってください」

と申し上げたのを覚えている。

その後、一学期が終り、夏休みが始まった。

A高校の校長となられたB先生が、私の自宅を訪ねてこられた。

「野田先生、聞きしに勝る学校でした。教師が私を名前で呼ぶのですよ。まず校長先生と呼ぶようにさせることから再建は始まりました」

「次には、教師が生徒の問題行動があっても注意しないのです。理由は一人で注意すると生徒から暴行を受けるからと言うのです」

「ですから教師を二人一組にして行動させるようにしました。そして問題行動は必ず注意するように厳命をしました」

「そして家庭訪問をさせました。今まで一度もしていなかったのですよ。その結果、家庭と地域と問題意識を共有し、協力体制を作ることができました」

そして、続けて
「A高校が荒れていた大きな原因が分かりました。定員割れがその原因です」

「地元の子供達は、家庭の事情で熊本市内の私立高校にいける立場かどうかは保育園の時から分かっています。地元の公立のA高校に行くしかないと分かっている子は、どうせA高校は定員割れしているから、勉強しなくても合格できると言って、小学校でも中学校でも勉強しないのです」

「ですから、A高校の生徒は誇りをなくしているのです。そこに職員組合のあのざまですから、荒れていたのです」

そこまで報告された上で、居ずまいを正されて、

「そこで、お願いがあります」

「A高校の生徒たちに誇りを持たせるために、全国第一号でパソコン授業に取り組みたいのです。パソコン四十台の購入予算を県に働きかけていただけませんか」

とのことであった。

その頃はまだ本格的なパソコン教室がどこにもなかったのである。

私は、二つ返事で引き受け、その足で県庁へ出向き、知事に急遽面会し、事情を説明し、夏休み中の予算措置をお願いした。

その結果、予算がついたのであった。

二学期が始まった時、A高校の空き教室の一つが、全国第一号となる『パソコン教室』に生まれ変わっていたのであった。

二学期が終わった時、B校長先生の再訪を受けた。

今度はどのような報告だろうかと期待する私に、

「お蔭様で、生徒たちが、全国で最初のパソコン授業が始まったことを誇りに思うようになりまして、見違えるように良くなったのです」

「実は、今日は嬉しいご報告ができます」

「A高校の地方公務員採用試験の合格者数が、熊本県一になりました」

と、ニコニコ顔での報告であった。

こんな奇跡が起こるのかと、私は、そのときにわかには信じられなかったほどだった。

三学期が終わった。

B校長先生の三度目の訪問。

「当校の教職員全員が、自主的に高教組を脱退しました。理由は、生徒の変り様を見て、『B校長の主張が正しかった。組合が間違っている』と、全員が合意したからだというのです」

以上がA高校再建物語である。

この僅か一年間のドラマの中に日本の教育再建のためのポイントがあると、私には思えるのだ。

第一に、リーダーの存在。

第二に、保護者（国民）との情報の共有と協力体制。

第三に、『誇り』だ。若者が誇りを喪失している。日本人の誇りを取り戻させることで教育は再建できるという証だ。

そして第四に、問題行動への毅然とした指導である。

日教組の組合活動は学校を健全に発展させてきたか

日教組の倫理綱領十項目は、次の通りである。
1、教師は日本社会の課題に応えて青少年と共に生きる。
2、教師は教育の機会均等のためにたたかう。

3、教師は平和を守る。
4、教師は科学的真理（注…当時はマルクス・レーニン主義のことを意味する）に立って行動する。
5、教師は教育の自由の侵害を許さない。
6、教師は正しい政治を求める。
7、教師は親と共に社会の退廃とたたかう。
8、教師は労働者である。
9、教師は生活権を守る。
10、教師は団結する。

政治的な目標と、教師自らの利益獲得のための目標だけが、羅列されているに過ぎない。学校の健全な発展という文言はどこにも見当たらないのだ。解説文を読んでも同じだ。

学校あっての教師、生徒あっての教師ではないのだ。

生徒にとって在籍する学校は一生母校となる。

母校で受けた教育が一生を左右するのだ。

その彼らの母校である学校の多くが、かつてのA高校のような崩壊現象にある。

未だに、国旗国歌に不毛の反対運動を展開している県もあると聞く。

校長と長時間の団体交渉を繰り返して、学校が良くなったのか。

教育公務員の収入や身分保障が、まだ不十分だとでもいうのか。

生徒たちは、敏感だ。

先生たちが愛校心に基づいて行動しているか、生徒と向き合っているか、全て見抜いている。

当校に転編入学してくる多くの生徒たちが、その証言者だ。

教育者は、所属する学校を通してのみ、教育という聖職に奉職でき、学校を通してのみ、教育界全体の発展に寄与でき、学校を通してのみ、自らの人生を意義あらしめることができるのだ。

教育者たるもの、自らが所属する学校を愛し、健全な発展に努めることは、当然過ぎるほど当然のことなのだ。

第五章　教育者は、教育は国家百年の大計であると心得る。

教育はまさに国家百年の大計である。国家の将来はその国の教育の現状を見れば分かる。その意味で、わが国の教育の現状を見るとき、暗澹たる気持ちになるのを禁じえないのが偽らざる国民感情である。

その現状を打破し、教育を再生するには、教育者が先ず「教育が国家百年の大計」であるとの自覚を持ち、その崇高な使命感を取り戻すことから始まる。

高校生の現状に、カルチャーショック

私は、当校の校長となるまでは、教育界とは直接縁のない世界で生きてきた。ただ、熊本市議会議員や熊本県議会議員などを務めさせていただいた十四〜五年間は、一貫して「教育正常化」をライフワークとして取り組んできたから、全くの門外漢ではない。

しかし、あくまでも外から教育界をウォッチングしてきたに過ぎない。

そんな私にとって初めて教育現場に身をおいて見た現代の高校生像には、少なからずカルチャーショックを受けたのだった。

私が持っていた高校生のイメージとは余りにもかけ離れたものに映ったからだ。

私が抱いていたイメージが古過ぎるのかもしれない。

しかし、教育が国家百年の大計であり、若者の姿を見れば日本の将来が見えるという意味において、極めて深刻な危機意識を持たざるを得なかったのだ。

人間は誰しもその渦中にあれば目の前の現象に徐々に慣れてくる。

長年教育界にあった先生方は、少しずつ変化していく高校生を見てこられたから、その変化に慣れ、違和感を持たなくなるのが自然なのかもしれない。

したがって、開校の当時、私は己の目で見て感じたことをベースにしてこれからの教育のあり方を考え実践しようと密かに心に決めたのであった。

幼い高校生たち

私が感じた現代高校生のイメージは、幼いという一語に尽きる。

もちろん全てがそうだというわけではない。しっかりした高校生も数多くいることもまた事実だ。

しかし、全体的に幼いというイメージはぬぐえないのだ。小学校低学年か幼稚園児かと錯覚するほど幼い生徒たちがなんと多いことか。

それも時が経つにつれ私自身がそのイメージに慣れてきたからか、薄れては来た。

しかし、果たしてこのような状態で社会に適応できるのだろうかと自問したとき、否定せざるを得ない子があまりにも多すぎるという事実に変わりはない。

何故、現代の高校生がかくも幼く、社会に適応できそうもないほど未成熟になったのであろうか。

多くの生徒たちと接してきて、ハッと気がついたことがある。

それは彼らが共通して極端に自己中心的だという点であった。


当校のような通信制の高校では在籍する生徒をタイプで大別すると、約七割から八割くらいが不登校経験者で、二〜三割がいわゆるヤンチャ系である。

そのどちらのタイプも自己中心的である点は共通している。

不登校経験者や引きこもりタイプの子は、自分の心の中にバリアーをつくってその中に閉じこもって、自分だけの世界の中で全てを完結させようとしている。

一方のヤンチャ系も、心のバリアーに閉じこもっている点では同じであるが、行き場をなくした者同士、群れて突っ張っている点が不登校タイプとの違いだ。

幼さの原因はどうやらこの辺りにありそうだと気がついた。

人間は誕生して幼児期までは、自分のこと以外考えられない。自己中心の時期を経て成長していく。

長《ちょう》じるにしたがって自分以外の「他」に関心を持ち始め、そして「他」のために役に立とうとする心が芽生えてくる。

「利己心」のかたまりだったものが成長し、「利他心」が育ってくるのである。

これが正常な精神的な成長の姿であろう。

大人になる、人間として成熟するというのはこのことだ。

家庭のしつけも、学校の教育も、そして、社会の持つ教育機能も、究極はこの利他心を育成することを目的としていることに他ならない。

ところが、それが育っていないのである。

行き過ぎた人権教育がもたらした現実

ここに戦後教育の最大の陥穽《かんせい》があった。

戦後教育の特徴の一つは「人権教育」である。

戦後、占領期間中に占領軍のわずかなメンバーによってたった一週間で起草され、あたかも国民の意思で制定されたかのように偽装されて、有無を言わさず押し付けられた現行憲法。権利、権利、権利のオンパレードで、義務に関しては申し訳程度の規定しかない欠陥憲法だ。

その憲法に忠実だったと言えばその通りであろう。

しかし、冷静に考えて欲しいのだ。

利他心がまだ充分に育っていない子供達に「権利」という訳のわからない抽象概念を教えたらどうなるか。

本能のままに、わがままに、自己中心的であることが権利であり、それが正義だと思ってしまう。

小学校で「夢を発表しなさい」という課題の授業のとき、児童が「僕は国のために生きます」などと言うと、先生から呼び出されて、「自分のために生きろ」と言う指導を受けるという教育現場の実態を、作家で慶応大学講師の竹田恒泰氏が『日本の息吹』

二十四年二月号の対談記事で述べておられるが、芽生えようとする利他心を、こともあろうに教育現場で教師自らが、その芽を摘み取ってきたのだ。

暴走する性教育の現状

学校現場の性教育をリードしている「性教協」（人間と性教育研究協議会）という団体がある。この団体が作成する書籍やグッズが学校現場における性教育の授業で使用されているのであるが、その内容は極端だ。醜悪《しゅうあく》でさえある。

「性の自己決定権」や「性はコミュニケーションの一つの方法」という基本認識で貫かれているのだ。

この「性の自己決定権」は最高の権利であって、たとえ社会的に充分な判断力がないとみなされる未成年、例えば小、中学生であっても、セックスをするかしないかを決定する権利、つまり性の自己決定権を持っていると、彼らは主張しているのだ。（『性教育の暴走』桜井裕子・扶桑社）

わが国では平成四年以降、学校での過激な性教育が活発に実施されるようになったようであるが、これを強力に後押ししたのが「男女共同参画社会基本法」と「男女共同参画社会基本計画」であることは間違いない。

現にこの基本計画の中で、学校における性教育の推進がうたわれている。その結果政府が旗を振ってこれらの過激な性教育が実施されているという構図なのだ。

もうかれこれ十年ほど前のことであるが、熊本県内の某公立高校で教師をしている古い友人から相談を受けたことがある。

その高校の性教育が過激すぎるから改善する方法がないかということであった。

早速その高校に乗り込んで、校長室でその実態を調査してびっくりした。

男女の性器が大写しにされたカラー写真が数十枚テーブルの上におかれたのだ。

しかも、性感染症に罹っている写真だ。

これを授業時に生徒に回覧させると、悪びれずにのたまうのだ。

私はその頃はもう議員ではなかったが、一県民として校長先生に聞いた。

「校長先生、先生はこの写真をあなたのお子さんに見せることができますか」と。

その校長先生は苦しそうな顔をしながら
「とても見せることはできません」

とおっしゃったから、さすがの温和な一県民も怒りが爆発した。

テーブルをたたきながら
「わが子に見せられないようなものを他人の子供だから平気で教材として使って回覧させるのか」

かわいそうなその定年前の校長先生は、小さくなって蚊の鳴くような声で
「すみません。前任者からの引継ぎだったので…」

また一県民の雷…。

「隣の公立農業高校では同じものを体育館で全校生徒を集めてスクリーンで映して授業をやってます」

うちよりもっとひどいそちらに抗議してくださいと、いわんばかり。

怒りは収まらないまま、情報をくれた先生に証人になってもらって、この教材の廃棄と性教育を見直すことを確約させせたという事があった。

ちなみにこの証人になっていただいた先生に、その後、迷惑はかからなかったので、

読者の皆様どうぞご安心ください。

平成二十三年二月二十五日の産経新聞に次のような記事があった。

「厚生労働省研究班の昨年9月の調査によると、セックスに無関心・嫌悪する男性の割合は2年前と比べ16～19歳で17・5％から36．1％、20～24歳で11・8％から21・5％と倍増した」

いわゆる草食系男子の急増ぶりが紹介されていた。

十六歳から十九歳というと高校生世代である。学校の現場で感じていたことがこの数字を見て証明されたと思った。

やはりそうだったかと。

ここ数年、男子がさらにおとなしくなって、女子に関心を示さない子が急増しているのではないかと感じていた矢先だったのだ。

実感としては新聞の数字をもっと上回るように思う。

何が原因か。

専門家の分析では色々あるかもしれない。しかし現場感覚から言えば、間違いなく「性教育の暴走」にあると断言できる。あんなのを見せられてはねえ、と思ってしまうのだ。そして、女子が男子化してしまって、かわいげも魅力もなくなっていることも大きい。今の子はかわいそうだ。男が女らしくて、女が男らしくなっては、人間である前に生物としての機能をなくしていくしかない。

これは現代日本にはびこるフェミニズムの策動が原因だ。ジェンダー・フリーなどに振り回された結果である。

これでは日本民族は滅亡だ。

まともな性教育ならば必要性を認めるのにやぶさかではない。しかしわが国には「過激な行き過ぎた性教育」はあっても「性道徳」はない。

学校で教えるべきは「性教育」などではなく「性道徳」なのだ。

当校では道徳を必修としているが（道徳は小・中学校でのみ必修）、性道徳を次のように教えているので紹介する。（ポプラ通信平成二十三年六月号で発表・一部省略）

高校生のための道徳　「高校生の性」について

一、「性道徳」は「道徳」の入り口

「性」は、道徳の最も根本的なテーマです。性道徳が乱れたら国家も民族もそして文明すらも、いとも簡単に滅ぶのです。

性は人間の本能の一つであり種の存続に欠かせない重要なものであるがゆえに、秩序が不可欠なのです。

性行為が無秩序に許される世の中になったならばどうなるでしょうか。家庭や地域社会はもとより職場や学校などのコミュニティーは阿鼻叫喚《あびきょうかん》の地獄と化すのは間違いありません。

人間が人間であるために守らなければならない最低限必要な秩序、それが性道徳です。あえて序章で取り上げたのは、現代社会がその阿鼻叫喚の地獄に向かって真っ逆さまに堕ちていこうとしているからに他なりません。

教育現場で「性教育」は実施されていても、「性道徳」が語られることはありません。性道徳なくして性教育はありえないのです。性教育だけでは、むしろ逆効果となる場合が多いといわなければなりません。現実がそれを証明しています。

二、恋愛

高校生時代は青春真只中ですから、恋愛は最大の関心事です。だからこそ恋愛について正しい知識を持つことが大事です。

恋愛感情は思春期に目覚めてきますが、それは特定の異性間における自他一体感の感情の目覚めです。

幼児期はまだ自分というものにだけ目覚めていて、「自分」と「他人」との一体感はまだはっきり目覚めていません。

思春期になると特定の異性に対して「そばに居るだけでも嬉しい」「あのひとと離れては生きていけない」とか、相手が嬉しそうだったらこちらも同じように嬉しくなったり、悲しそうだったらこちらも悲しくなったりするのです。

それが自分と他人（彼女または彼）との一体感の目覚めなのです。

しかし恋愛感情は、自己中心的な要素が強いので、二人同士は非常に愛し合いますが、他人には排他的になったり独占欲から嫉妬心がおこったりするのです。

だからこの段階の愛は自分も相手も縛るので苦しみが付きまといます。

人は皆この最初の愛を経験して、もっと大いなる愛、「縛る愛」から「放す愛」へ、「欲望満足型の愛」から「尽くす愛」へ、「個の愛」から「多への愛」すなわち学校や職場、住んでいる地域や国家への愛などへと心が成長していくのです。

三、貞操は女性の最高の道徳

恋愛感情は相手との一体感ですから、肉体的にも一体感を得ようという感情が動きます。これが性欲です。

しかし男性は、このことによって相手の女性が心身ともに傷つくことを思いやって、我慢しなければなりません。これを理性といいます。

相手も望んだのだから傷つくことではないと思うかもしれませんが、そうではありません。女性にとって最も重要な「貞操」が傷つくのです。

貞操というのは、性の純潔を守ること、正しい操《みさお》のことです。結婚まで貞操を守ることは女性の最高の道徳です。
女性の尊厳と貞操は同義語なのです。

四、性には秩序がある

人間には男性女性にかかわらず、性欲と性的快楽とが与えられています。それは子孫を残すために必要だからなのです。性欲がなかったりまた性に快楽ではなく苦痛が伴ったとしたら人類は滅んでしまいます。ですから性欲も性的快楽も人間に与えられた重要な要素で、それ自体はとても尊いものです。

しかし、性には秩序があるのです。いつでも、どこでも、誰とでもいいというわけにはいかないのです。この秩序がなければ社会は崩壊します。性の秩序とは、許される時に、許されるところで、許される人とでなければならないということです。

許される時とは結婚してからということであり、許される人とは結婚した相手ということです。この性の秩序を性道徳といいます。

五、性衝動について

男性は恋愛感情とは別に生理的に性衝動に駆られるものです。しかし本当の男らしさというのは、それをぐっと我慢するところにあります。

無秩序な性交渉は相手の女性の尊厳を踏みにじるものです。

性の解放などと称して性道徳を否定する傾向がありますが、とんでもない間違いです。これほど女性を馬鹿にした話はありません。

性の解放ではなくそれは正確に表現すれば、男の性衝動の解放であって、人間の動物化のススメ以外の何ものでもありません。

いや動物だってある意味では人間以上に厳しい自然の掟《おきて》があって、厳正に守られています。

女性は、男性の欲求に応えなければ嫌われるのではないかと恐れて、許してしまってはいけません。そんな男はあなたのことを「女性」として尊ぶのではなく、性衝動のはけ口としか考えていないのです。

そんなのは愛情でもなんでもありません。

自分の欲望を満たすことしか頭にない自分勝手な男ですから、あなたを幸せにすることなど微塵も考えてはいません。

六、女性の尊厳

女性の尊厳は、母性にあります。人は誰でも例外なく、母から生まれ、母のお乳で育ち、母の笑顔を見て豊かな感性を得、母の声を聞いて言葉を覚え、母の立ち居振る舞いを見て文化を継承してきました。

そして今からも永遠にそれは続いていくのです。

男性はその「母性」ゆえに女性を尊び、身の危険を顧みず、場合によっては命をかけても守ってきたのです。その「母性」を一時の感情に負けて損なってはいけません。男性はその母性が傷つかないようしっかりと守ってあげることが真の愛情であり、それこそが本当の「男らしさ」なのだということを認識しなければなりません。

では母とならなかった、あるいはなれなかった女性には尊厳性がないのかと質問されそうですが、子供を産んだか否かとは関係なく、女性そのものが尊い母性なのです。その点を誤解してはいけません。

教育に必要なのは義務を教えること

今の日本、人権だ、権利だと言えば、それが錦の御旗となって、そこのけそこのけ状態になっている。進む先に障害となるものは何もない。政府や自治体が予算をつけて、人権教育を教育現場はもとより国民全体に対して推進している。

行き過ぎてはいないか。

問題はないか。

その検証がされたということはついぞ聞かない。

なぜか。「人権」というだけで日本全体が思考停止になってしまうからである。

良識ある国民は皆等しくこのことを危惧している。

子供には権利ではなく「義務」をこそ教えるべきなのだ。

国民としての義務、学校の児童生徒としての義務を教えなければならない。

子供は勉強するのが仕事だと、昔は親から言われたものだ。勉強するのが義務であって、勉強しない自由など子供にはない。

義務を果たして初めて権利が与えられるのである。

これが国民教育だ。

「まず権利ありき」では社会は成り立たない。何より義務を教えられなかった若者は、社会に適応できず結果的に悲惨な人生が待っていることになる。

義務を教えなければ「利他心」は育たない。

利他心が育たなければ家庭や職場や地域社会、そして国家という共同体を構成する一員たり得ない。

孤独という地獄が待っているだけなのだ。

人間にとっての真の幸せは、その共同体の一員としての絆の中にあるのだ。

そのことを、東日本大震災の被災地の皆さんが、甚大《じんだい》な被害を代償に我々国民に示してくださったのではなかったのか。

もうそろそろ、何とかの一つ覚えではあるまいし、戦後のマインド・コントロールから目を覚まして教育から立て直さないと、社会に適応できない国民を大量に生み出してしまうことになる。

もう一度言う。

権利ではなく、義務をこそ教えるのが教育だ。

「地獄を見てきた」という生徒たち

開校して間もない頃のあるスクーリングで、次のようなことがあった。

それはそのスクーリングに参加していた一年生の山田三郎が、宿舎になっている民宿の経営者であるご夫妻に、

「おじさん、おばさん、僕たち、歳は若いけど、皆、地獄を見てきたんです」

という話をしたということを、彼らが帰路についた後で知った。

山田三郎は、小学校時代から空手に熱心に取り組んできた活発な少年だったが、中学生になってから多勢に無勢の喧嘩に負けてからいじめにあうようになった。

以来、パニック障害になり学校へも行けなくなった。

父親からは、落ち着くからと、中一から喫煙を奨められ、スクーリング参加時には一日六十本のヘビースモーカーとなっていた。

この子の喫煙に対する指導には正直困った。

保護者からは「以上のような事情だから吸わせて欲しい」というお願いもされていた。

しかし、学校が特別に喫煙を許可するわけには行かない。

結局例外は認めなかった。

この対応は結果的に正しかった。

これがきっかけで彼は次の年のスクーリングに参加したときには禁煙に成功していた。そして禁煙成功が彼をさらに成長させ、パニック障害も克服し四年制大学に合格していった。

年端《としは》も行かない高校生が、地獄を見てきたという。

私にはかなりのショックだった。

その後も、この話をすると、生徒たちのほとんどが

「そうだよ。皆そうだよ。私は奈落の底を見てきたよ」

などと平気で言うのだ。

そして、それ以来、当校教職員の合言葉は、

「一日でも早く、一人でも多く、地獄とやらから若者を救い出そう」

ということになった。

そして、彼らの言う地獄とやらの正体が「孤独」であることに気がつくのには、それから数年の歳月を必要とした。

多くの若者が今、孤独という地獄の中でもがき苦しんでいるのだ。

これは決して当校だけの、いや通信制高校だけの特異現象ではないはずだ。

戦後教育の結果がこれだ。

もはや猶予《ゆうよ》はない。

教育を立て直さない限り国家百年の大計は立たない。

日本の未来は真っ暗闇だ。

まずは孤独という地獄の中で苦しみもがき、助けを求めている若者に救いの手を差し伸べ、将来の日本を担っていくことのできる「真に自立した国民」を育成していかなければならない。

勇志国際高校はその先頭に立つ。

第六章　教育者は、生徒の教育を本位として行動する。

日教組の倫理綱領の第八項は、教師が労働者であり、第九項で教師の生活権を守ることと、そして、第一〇項で教師の団結つまり組合の元に団結して生活権を守ると宣言している。

十項目のうちの三項目は教師の立場を重視した内容になっている。

これでは教育は生徒のためにあるのではなく、己のためにあると宣言しているのと同じだ。

教育とは国家百年の大計のもと、次代を担う若者を育てる国家的作用であり、生徒のためにあるものだ。決して教師の生活のためにあるのではない。

だからこそ聖職なのである。

教育者は生徒の教育のために存在する

現代の教育界は、教師は組合か校長だけを見て、校長は教育委員会だけを見て、教育委員会は文部科学省だけを見てはいないか。誰も生徒の方を見てはいないのではないか。

「日本書紀」に、神武天皇の「建国即位の詔」として、日本の建国の精神が書かれているが、その中で示されている精神の一つは「民本主義」つまり「国民本位主義」である。民主主義は、戦後占領軍によって、初めてわが国にもたらされたなどと喧伝されてきたが、とんでもない。

紀元前六六〇年も昔の、日本国家の誕生のときからの根本精神が、国民を国家の大御宝《おおみたから》とし、国民の幸せのために政治があるとする尊い思想があったのだ。見方を変えれば、民主主義以上の国民本位主義といえる。

学校は、生徒の教育のためにある。

教育者は生徒の教育のために存在する。

我が国の国是が国民本位主義であるのと同じく、学校は生徒の教育本位でなければならない。

教育者は、生徒の教育本位で行動しなければならないのである。

ただし、俗に言う「子ども中心主義」とは全く違う。

子どもの人権を重視する余り、子どものわがままを自由と勘違いして、結果的に教育を放棄している現状とは真逆の思想である。

つまり、生徒の教育を本位とするからこそ、強制力を以ってその自由を制限することも可能なのである。

何故なら、教育は、生徒の未来の可能性を創造する行為ともいえるのであるから、生徒の未来のために必要と思われる範囲において、生徒の自由や権利を強制力で制限することが、むしろ教育者としての勤めなのである。

次に、我が校の道徳のネット授業で実施している「高校生として知っておかなければならない日本建国の理想」を紹介し、国民本位主義が日本の国是である事を確認しておきたいと思う。

「高校生として知っておかなければならない日本の建国の理想」

二月十一日は建国記念の日です。

日本の国は、紀元前六六〇年に建国されました。ですから二六七〇年以上続いています。今の天皇陛下は第一二五代です。

皇室が一二五代も続き、二六〇〇年以上にわたって一つの国が続いてきたという例は、世界において日本以外にはありません。

中国は、四千数百年の歴史があるといいますが、王朝が三十回も交代しています。一つの王朝の平均寿命は、一五〇年間ほどしかありません。しかもその中で、漢・宋・明の三王朝以外は漢民族が作った王朝ではなく、他民族による支配でした。

日本の国づくり（建国）については、古事記や日本書紀に詳しく記されています。

日本が統一国家になる以前は、いくつもの部族に分かれていて、お互いが争っている状態でした。

神武天皇は、それらをまとめ上げるために様々な抵抗にあい、苦難を重ねますが、ついに大和（現在の奈良県橿原市）において国家統一の大事業を成し遂げられました。

そして橿原に都を開かれて、日本の国を建国し、第一代天皇に即位されたことを宣言されました。

それが「建国即位の詔《みことのり》」として日本書紀に記されています。その中に日本の建国の理想と精神が示されているのです。

会社には創業の理念があり、学校には建学の精神があるように、国家にも建国の精神があるのです。


その建国即位の詔を現代文に約しました。

〈文意〉

自分は聖人の自覚を持って、国家としての制度を作っていくが、それは時代に応じて柔軟に対応するものです。

いやしくも国民に利益があることならば、聖人の行う政治にとって何の妨げにもなり

ません。（国民のための政治であるという意味）

山林を切り拓いて皇居を作り、謹んで天皇の位に就いて、全てのもとのもとであり大御宝《おおみたから》である国民を治めていきます。

天照大神がニニギノミコトにこの国を授けられた天徳にこたえ、祖先の行ってこられた道義正しい心を広めていきます。

そのあとに、全ての国の人々が、一つ屋根の下で家族のように暮らせる世界にしようではありませんか。」（文責・野田将晴）

この詔《みことのり》の特徴として注目すべきは、徹底した「国民本位主義」で貫かれている点です。

諸外国の皇帝や権力者たちは、土地や国民を私有して支配し、権勢をほしいままにするのが常でしたが、日本の歴代天皇は、この神武天皇の精神に則って、そのような考えを排斥してこられました。

天皇が政治をされることを「シラス」（知らす）といいますが、その意味は「国民の声を聞いて、国民の利益のために統治する」という事です。

国民の生活や希望、苦しみをよく知って、衆議を尽くして国を治め、国民を「大御宝」

と大切にして、国民が不安なく暮らせるようにしていくのが、わが国の建国の精神だったのです。

日本に民主主義が入ってきたのは、第二次世界大戦で日本が敗戦国になって、アメリカによってもたらされたのだといわれていますが、とんでもない間違いだと分かったでしょう。

日本は、二六〇〇年以上も前の建国の時から、今の民主主義よりもっと優れた「民本主義」（国民本位主義）を国是とする国だったのです。

もちろん、長い歴史の中では、時の為政者が、この天皇政治の根本精神を無視して、国民を苦しめた時期もありました。

しかし、その後で必ず神武精神に還ろうという動きが起こって、刷新されてきたのです。これを「維新」といいます。

外国では革命が起こって歴史が断絶してきましたが、日本では原点である建国の精神に立ち返って出直すという歴史のくり返しがあったからこそ、日本の歴史には断絶がなかったのです。

以下省略

以上の通り、日本の国是が「民本主義」(国民本位主義)なのであるから、学校が「生徒の教育本位主義」であらねばならないことは言うまでもない。

先に書いたように、「生徒の教育本位主義」と「子供中心主義」は全く違う。「子供中心主義」とは、教師や親による子供への一方的な強制や詰め込みによる教育を否定し、子供の個性や自発性を尊重した教育をすべきだとする考え方の事である。わが国の戦後教育は、多かれ少なかれこの影響を受けている。

子供の個性や自主性に任せて教育はできない。なぜなら子供に自己管理はできないからである。

生徒本位でスタートした勇志国際高校

通信制高校の特徴は、生徒一人ひとりへの個別対応ができるという点にある。

通信制である当校の在籍生徒は、七〇~八〇%が不登校経験者であることは前にも書いた。あとは元気がよすぎてはみ出してきた生徒たちである。

そして、全体の八〇％ぐらいは、他の高校からの転入学や編入学である。だから一人ひとり卒業までの取得しなければならない単位数も科目も違う。

学力のレベルはもちろん学習内容のニーズも違う。千差万別なのだ。そのような生徒個々に応じたカリキュラムを作成し、指導計画を作って対応する事になるのである。

その前に、本校に入学した生徒たちは「心の中のバリアー」に引きこもっている状態だから、そこからいかにして引っ張り出すかという課題がある。

これもまた千差万別の対応が求められるのだ。

学校や教師の都合で考えていては、とても一人ひとりへの個別の対応はできない。

生徒本位で考えてこそ、本当に行き届いた一人ひとりと真正面から向き合った指導が可能になるというものだ。

当校が開校した平成十七年四月、本校の教師陣は六人であった。校長の私、そして若い二十代の先生たちが五人である。

私は、高校を出て、熊本県の警察官になり、三十歳で辞職し、それからは政治一筋で生きてきた男であるから、教育現場は全くの素人であった。

当校の先生たちも、教員免許は持っていても、学校で教鞭をとった経験はなかった。

つまり、素人集団だったのである。

その時から先生たちのリーダーとして、文字通り八面六臂の活躍をしてきてくれた櫻庭教頭がそのころの事を書いてくれたので紹介しよう。

開校からの思い出

櫻庭輝典

開校当初、本校に勤務したのは校長と五人の教師であった。

私たち教師は校長以外全て二十代であり、その若い教師達は教師経験がなく、全てが手さぐりの中でのスタートだった。

根本的に通信制というシステムがどういったものであるのかは、一般の全日制を卒業した私たちにとって自身の知識・経験ともに乏しいものであった。

私は、本校に赴任する以前、本校の母体である会社が通信制高校のサポート校を経営しており、そこでの勤務した経験があったが、サポート校はあくまでもサポートという立場であり、学校内部の細かなものを把握していたわけではなく、全てを構築していくことは非常に大変なものであった。

スタートして私たちが持ち合わせていたのは、通信制高校のイメージとわずかな経験、そして何より年の若さとありあまるエネルギーと、そして教育に対する情熱であった。

ともあれ、開校した以上、他の高等学校同様に高校という体を成さなければならない。わずかな知識と経験をもとに、各種法規を読み返しながら学校運営をスタートしていった。

開校して早々、頭でわかっていたことだが通信制ならではの壁にぶつかった。

生徒が日常的に自分たちの目の前にいないのだ。自分たちのエネルギーを注ぎ込むべき相手が学校ではなく、各自の自宅に存在する。

エネルギーのぶっつける先がないのだった。

幸い本校は、従来からある通信制とは違いインターネットをいち早く取り入れ、それによるテレビ電話システムを利用して、生徒と画面越しに授業やコミュニケーションを図ることができた。

ただし、全日制であれば毎日生徒一人一人と直接顔を合わせ、授業を行い、生徒指導を行い、進路指導を行っていく。

先にも述べた通り、私たちはほとんど現場経験のない言わば素人教師であった。毎日生徒と会う中で教育を肌で感じ、実践で学んでいくことや、先輩教師から様々な形で指導・鞭撻をいただきながら経験を積んでいくことが、私たちにはなかった。

通信制の教師である私たちにとって、一人の生徒が、学校に登校して学習する機会（スクーリングという）は、年間でも五日間程度しかない。

更に本校の場合、そのスクーリングを遠隔地の生徒も参加できるようにと宿泊して実施する集中型のスクーリングをとったため、日帰りの通学を繰り返すスクーリングの形式とは違って、生徒と直接会って指導できる機会は一年に一度しかなかった。

このスクーリングが、私たちと生徒を繋ぐ接点であり、何らかの事情をもって通信制高校へ入学してくる生徒を導く唯一のチャンスの時であった。

この一発勝負である僅かな期間に対して、自分たちの持てる全精力をそこに注ぎこもうと思った。

スクーリングが始まり、今まで会えなかった分それまでの想いを一気に出し切るかのごとく、生徒と多くの話をし、授業をして各種指導を行っていく。一般的な高校同様に校舎内で教師と生徒のやりとりが繰り広げられる。

その時、やっと、私たちが教師としてそのステージに立てた気がした。開校して数年間は、私たちに対してなかなか心を開いてくれず、悔しい思いや焦燥感もあったが、徐々に私たちの思いが彼らにも理解され通じるようになってきた。

七年経った今、スクーリングを通して多くの生徒に大きな変化をもたらすことができたという実感を持てるようになった。

本校に通う生徒の大半が不登校経験者。その生徒たちが本来の自分を取り戻し次の一歩へと進むきっかけを作ってくれるようになった。

この学校に入って本当に良かったという声をたくさん聞くことができた。

ただ、すべて順調に進めることができたわけではない。とりわけ生徒指導においては、指導が中途半端になることがある。私たち自身が、知らず知らずに、通信制であるが故の限界を作ってしまっていることがあるのだ。

スクーリング中の短期間に、参加している生徒たちの性格を把握することや、人間関係を充分に構築することは極めて難しく、私たちの思いばかりが空回りするなどを体験する度に、これが通信制の限界かと、つい思ってしまうのだった。

その後、スクーリングの回を重ねていく中で、生徒に対する指導方法の基本として、長所を見つけてそれを伸ばすという指導法をとるようになってからは、その「限界」を感じなくなってきた。

ただ、生徒の問題行動などに対して、厳しい指導をしなければならない状況に迫られたときの対応には時間がかかった。

結局、勇志独自の「護身術」などを教職員が身につけていくなどの過程で、今ではどの生徒に対しての指導にも自信をもってあたれるようになった。

今思えば、私たち職員が、違った教育現場を経験せずに赴任したことは、結果的にかえって良かったと思う。

本校が向かうべき教育方針や理念になんらの疑問も持たずに、その達成へと力を注ぐことができたからだ。

以上

以上、櫻庭教頭が書いている通り、まさに素人集団が勇志国際高校を作り育てて来たのだ。

素人集団だったから、素人なりの基本方針があった。

経験がないから、教育界のタブーも常識も関係ない。そのような発想の縛りとなるものを全て無視して、ただひたすら、『生徒個々が、どうすれば将来自立できるようになるか』のみを考えて実行する事であった。

縛りがあったとすれば法令と学習指導要領だけである。

この姿勢が、徹底した「生徒の教育本位主義」を本校に根付かせることになった。

素人集団だったからよかったのかもしれない。

とにかく、素人集団が、一一四名の生徒からスタートして、以上のようなハードルを手探りで模索しながら乗り越え、乗り越えして七年間が過ぎた。

気がついたら、生徒数は一千名を軽く超えていた。

今後千五百名、二千名と増加していくことと思う。二千名になったら二千通りの対応が求められるのだ。

今や、かつての素人集団は、生徒数が何千名になろうとも、生徒本位主義で個別対応ができる、恐るべきプロ集団になったのである。

生徒本位の教育から不登校は改善していく

ある中学校の教頭先生とお会いした時のことである。その中学校から不登校だったD君が当校に入学していた。

その教頭先生が、

「D君が勇志に入学してから不登校が直って、元気に一人で外出もできるようになったといって、お母さんがとても喜んでいらっしゃいました。中学校時代我々がどんなに頑張っても全く効果がなかったのですが、後学のためどのように指導されたのか教えていただけませんか」

と質問された。

「教頭先生、通信制である当校には不登校という概念そのものが無いのです」

と私は申し上げた。

「通信制は日常の学習は自宅学習ですから、不登校状態のまま勉強するシステムです。ですから、不登校ではなくなるのです。そして、スクーリングに参加すると、周りの仲間たちがほとんど不登校だったとわかります。自分だけと思っていたけど、そうではなかったと安心します。そして自分も気づかないうちに不登校であった自分をすっかり忘れてしまうのです」

「不登校であった自分を忘れてしまった後には、昔、元気に学校に通っていた頃の自分に戻っているのです」

すると、その教頭先生は、感動されて

「勇志の辞書には不登校という言葉が無かったのですね」

と涙を流されたのである。

このD君も、四年制大学をめざし見事に合格したのだった。

不登校の子供達は、不登校になった原因やきっかけは様々である。しかし一様に昔元気に通学していた頃に戻りたいと、痛切に思っている。しかしどうしても学校に行けないのだ。

不登校している自分が嫌で嫌で、自己嫌悪に陥っている。

学校に行けたとしても、長い間登校していないから、先生はじめクラスの皆が不登校だと認識している。

自宅でも、家族みんなが不登校である自分を、愚痴を言いながらも仕方なく受け入れている。

周りの皆が、不登校生であるという一番嫌な自分を認識していることがつらくてたまらないのだ。

その結果、彼らは「心の居場所」をなくしている。学校はもとより家庭すらも心が安心できる居場所ではなくなっているのだ。

そういう心の居場所をなくした生徒たちが、当校に入学すると、不登校である自分をすっかり忘れてしまうことができ、先生たちは自分でも気がつかない長所を認めてくれる。

心の居場所があるというのは、自分の長所を認めてくれる人がいるということなのである。物理的な「場所」の事ではない。

彼らは、当校に来て初めて「心の居場所」を見つける事ができたのだ。

第一章で紹介した黒木太一君が、スクーリングが終わっても、もっと学校に居たいと駄々をこねたのは、学校が心の居場所になったということだったのである。

心の居場所ができたら「心の中のバリアー」が破れる日はもう時間の問題である。

そのとき、彼らは、昔の元気に学校へ通学していた頃の「本当の自分」に戻っているのだ。


不登校だった生徒たちには、もう一つ乗り越えなければならない課題がある。

それは学力だ。学校に行っていないから当然学力に自信が無い。それこそ各人で学力レベルが千差万別なのだ。

高校生になったのだからといって、いきなり高校の教科書では、チンプンカンプンなのだ。特に数学や英語は、基礎から積み上げていかない限りどうしようもない。

ここにも、生徒の教育を本位とする当校の本領が遺憾なく発揮されている。

それは「ユーシーネット」という当校オリジナルの教材の存在にあらわれている。

「MST」(マルチメディア・スマート・ティーチャー)という録画ネット授業のシステムを、中学校の一年から三年までの国語、数学、英語主要三科目の復習教材として開発し製作したものである。

生徒たちは学力に強烈なコンプレックスを持っている。恥をかくと分かったら拒絶反応をおこすから、個別の面談指導より自習方式の方が抵抗感がないのだ。

このユーシーネットは、自習教材だ。一人で、どこでも、いつでも、そして、くり返し何度でも学習できる。

算数は、小学校一年から六年までの復習教材が完成して、多くの生徒が活用している。

多くの不登校経験者が、このユーシーネットで自習して、学力レベルを同級生並に引き上げる事に成功し、劣等感から解放された。

生徒の社会人としての自立を目指して

当校の、特徴あるスクーリングの一つに社会人スクーリングがある。二十歳以上の在籍者は十代の生徒たちとは別に年に四回にわたって社会人のみのスクーリングを実施している。これなども生徒の立場に立って考えた結果、生まれたアイディアだった。

何らかの理由で高校を卒業できなかった人は、数百万人の規模になると予測される。

その人たちの中で、社会人になって学歴の壁という現実に直面して苦しんでいる人がいる。

だから、通信制高校にと、志は立ててみたが、十代の子と一緒となると腰が引けてしまうのだ。

当校の先生たちは、このような人たちの中に素晴らしい人材が多いことを、経験上知っている。

これらの人々の人生に可能性を大きく開くお手伝いをしたいという思いが、社会人コースの開設となった。

社会人コースの卒業生の中には、大学へ進学した人も結構な数になっている。

実際のスクーリングでは、全員が成人だから、十代の生徒のそれとは自ずから違ってくる。喫煙所ではタバコが吸える。民宿に帰れば一杯やりながら交流を深める事もできる。皆思いは同じだからすぐに仲良くなって、固い絆で結ばれる。

全国にそんな仲間ができて、日ごろから情報交換しながら励ましあってやっているようだ。

さらに特徴あるスクーリングがある。

保護者同伴スクーリングがそれである。

どうしても一人では外出すらできない生徒もたまにいる。または大勢の中に入っていけない生徒たちもいる。

このような生徒たちも、卒業時には立派に独り立ちできるようになっていく。

ステップ・バイ・ステップでハードルを上げていけば、三年あれば何とかなる。

このスクーリングが無かったなら、彼らはスクーリングに参加できないまま、通信制高校ですら卒業できなかったであろうことは間違いない。

このスクーリングの名物行事がある。

「うちの子の自慢大会」がそれである。

保護者さんに集まっていただいて、それぞれのお子さんたちの長所を紙に書いてもらうのである。その多さを競う。

このスクーリングの参加者は、子供の不登校で長年苦しんでこられたご家族だから、共通して暗い。最初の日に保護者同士の自己紹介の会合を開くことにしているのであるが、苦労話ばかりがでて、我が家だけではなかったということがわかって、連帯感が生まれる。しかし、その会合はとても暗い雰囲気に包まれるのは避けられない。

さて「自慢大会」である。

私から、次の通りの趣旨を説明してから始まる。

「勇志国際高校の指導方針の特徴は、長所を見て伸ばす方法に徹しているところです。子供は長所を認めてやるとその長所がどんどん伸びて、欠点までいつしか消えていきます。逆に欠点を指摘して矯正しようとすると、その欠点が却って大きくなって、他の長所まで萎縮してしぼんでいきます。今日は不登校や引きこもりであったお子さんの欠点を忘れてください。そして昔の元気で学校に通学していたころの事でもいいから思い出して、長所を探してそれを紙に箇条書きに書いてください。後でそれを発表していただきます」

今までうちの子は何で学校に行けないのだろうと悩んで、いつも眉間にしわを寄せていた保護者の方々が、その子の長所を探してそれを発表される。すかさず拍手がおこる。すると実に嬉しそうな満面の笑みがこぼれるのである。

そしてその発表が二巡目三巡目となった頃には、全員が笑いの渦に巻き込まれている。

授業が終わった生徒たちが、笑い声にびっくりして覗きに来た事がある。そして

「うちのお母さんがあんなに笑っているのは初めて見た」

と言って、その子も私に初めての笑顔を見せたのである。


長所を認める練習の成果は、必ずある。

保護者同伴スクーリング開設のきっかけになった林田那賀子は、スクーリングに参加している生徒の中に茶髪や金髪の生徒がいるのを見て、足がすくんでしまった。

この子のために考えたのが保護者同伴だった。

林田那賀子の長所は、英語が好きだということだと、お母さんが自慢大会で発表された。我々も彼女の英語を伸ばす事に努めた。そして英検二級を取得できた。

それで自信をつけた彼女は、二回目からは一般のスクーリングに参加できるようになり、卒業後はアメリカに単身留学した。

留学して一年経った頃、帰省した彼女が学校へ挨拶に来てくれた。留学先の写真を一杯見せてくれた。

「那賀ちゃん、周りは皆、金髪や茶髪ばかりじゃないか。大丈夫か」

と、私が冷やかすと、

「みんないい人ばかりだよ」

と、にっこり笑った。

林田那賀子以外にも、保護者同伴スクーリングを必要とする子はかなりいることがわかり、毎年二回の保護者同伴スクーリングを実施してきたのだった。

こうして皆、自立へ向けて確実に階段をのぼっているのである。

第七章

教育者は、教育を通して利他の精神に基づく文化を創造する。

個人主義に偏重した教育は、利他心の成長を阻害し、利己心の更なる増大を結果として生じさせ、青少年の幼児化現象の原因となっている。

しかも、それは国民の孤立化（無縁社会）をも招来した。

戦後民主主義は、自律的個人は共同体からの解放によって得られるとし、結果的に利己主義を蔓延させ、自立ではなく「孤立」した国民を生み出してきた。

しかし、東日本大震災によって国民は絆と共同体の重要性に目覚めた。

生きていく上で不可欠なものは「共同体からの解放」ではなく「共同体への積極参加と貢献」だということに、改めて気づいたということである。

その意味で、戦後民主主義はその欺瞞性が白日の下にさらされたといえる。

絆は利己心からは生まれない。

利他の精神から生まれるものが、人と人を結ぶ絆であり共同体なのである。

戦後民主主義に代わる新しい震災後の文化は、教育者の利他心育成の教育実践の結果創造されると確信する。

「戦後」から「震災後」へ

平成二十三年十二月十二日、一年の世相を一字で表す年末恒例の「今年の漢字」が、「絆」と決定した。

「今年の漢字」は、(財)日本漢字能力検定協会が、その年の世相をイメージする漢字一字を公募して、最も投票数の多かったものが、その年の世相を表す漢字として発表されるものだ。

それが、圧倒的投票数で「絆」になったということは、その年の三月十一日の東日本大震災を始めとして、台風や大雨などで大きな自然災害が相次ぎ、改めて絆の重要性が認識されたことを意味する。

とりわけ、未曾有の被害を出した東日本大震災が与えた影響が大きい。

被災地では、人々が助け合い、励ましあい、分かちあわなければ生きていけなかった。

国民もまた、そのことを改めて痛感した。

実は、このことは戦後という一時代を画するほどの大きな意義を投げかけるものである。つまり、戦後民主主義が目指してきたものが根本から覆《くつがえ》されたということなのだ。戦後民主主義は後述するように「共同体からの個人の解放」を目指してきた。共同体をことごとく否定し崩壊させることに眼目がおかれてきたのだ。共同体の否定とは「絆」の否定に他ならない。なぜなら、共同体は人と人の絆によって成り立っているからだ。

その絆が甦ったということは、戦後民主主義そのものが根本から否定される時代に突入したということになるのだ。

時代は「戦後」から「震災後」へと変わったのだ。

「共同体の再構築」こそ新時代の最大課題

現代日本を蝕む危機は、戦後思想にその原因がある。

戦後思想の核をなすものは、東京裁判史観である。

日本の過去を断罪し、過去から継続的に存在する「共同体」の全てを悪だとして否定し、そこから解放することによってのみ「個の自立（自律）」があり、かつ、基本的人権が保障されるとしてきたのであった。

その結果、『共同体』の崩壊がもたらされ、日本社会がメルトダウン化する危機を招来した。

そして国民は「自立ではなく孤立」したのである。

ならば、その共同体を再構築することこそ、危機を克服し日本を再建する「切り札」とすべきである。

では、共同体を再構築するというのは、どのようなことであろうか。

それは、共同体を構成する個人と個人を結ぶ紐帯《ちゅうたい》は「絆」であるから、その絆を強固なものにしていくほかないのである。

戦後思想が、いかに共同体を否定しようと、そして、そこから個人を「解放」しようとしても、全ての共同体から解放された個人など存在しない。

いかに否定しようと、国家という共同体から無関係に人間が存在する事が不可能なように、である。

人は、自らが属する共同体から逃れるのではなく、積極的に参加し、積極的に貢献してこそ、強固な絆が生まれる。こうして再生された絆の集合体こそが、再構築されるべき「共同体」である。

「個の自立」は「共同体への積極参加と貢献」によって得られる

戦後民主主義は、「個人の自立」ではなく「個人の孤立化」を招いた。

では、国民個々にとって真の自立とは何であろうか。その答えは次の例え話が理解しやすい。

新入社員がその会社内で一人前、つまり自立した社員になったと評価されるようになるのは、どういう状況になった時か。

それは、その会社からいただく給料以上に収益を上げられるようになった時だ。

そうなって、会社に貢献できる社員になった時、初めて一人前という評価を与えられるのである。

自分の給料以上の利益を会社にもたらしていない間は、他の社員が稼いだ利益から給料をもらっているのだから、他に依存しており、社員として自立していないということだ。

すなわち、「個の自立」とは「共同体への貢献」の度合いによってもたらされる副次的立場である。

一方的に、共同体の恩恵に与《あずか》っているうちは、その共同体では一人前（自立した個人）としては扱われないのである。

共同体への貢献によってこそ真の自立が得られるのならば、その前提となるのが、「共同体への積極参加」である。

参加なくして共同体は成り立たないからだ。

戦後民主主義が破壊してきた共同体を、再構築していくためには、国民個々が、共同体へ積極的に参加する意思がまず求められる。

共同体への積極的参加の意思とは、つまり「利他心」の有無であり、「貢献」とは「利他心」の発露である。

道徳の授業から

当校の特徴は、「道徳」と「歴史教育」に重点を置くことにあると前に述べた。

道徳の根本は「利他心」の養成にあると認識している。

「震災後」は、絆の復活によって共同体を再構築する時代だと述べた。

その絆は、利他心の養成なくしてありえない。利他心こそ新しい時代を作るキーワードとなる。

道徳教育が、究極的に目指すところは「利他心」の養成である。

新しい時代のキーワードは「絆」である。人と人との絆は、利他心なくして育たない。

その意味においても道徳は、新しい時代の新しい文化を創造する基礎となる。

当校の生徒は、スクーリング時の道徳授業を受けるのはもちろん、ネット録画授業（当校独自のシステム）で受講してレポートを提出する事になっている。

さらに、毎月発行している生徒と保護者向け通信誌「ポプラ通信」に道徳シリーズを連載している。

その連載もすでに開校当初から続いてきたが、平成二十三年四月からは、将来の道徳のテキストの作成を想定して、「**高校生のための道徳**」を、三十一話の予定で連載している。その序章の第一話と第二話を紹介する。

序章　第一話　道徳とは何だろう？（1）

平成二十三年三月十一日という日は、日本人にとって永遠に忘れられない日になることでしょう。言うまでもありませんね。東日本大震災が日本列島を襲った日として、です。一〇〇〇年に一度といわれるマグニチュード九・〇の大地震に加え、その直後に東北から関東にかけての太平洋岸を巨大津波が襲いかかり、万単位の犠牲者と数十万単位の被災者、そしてたくさんの町が壊滅するなどの未曾有の被害がでました。

福島第一原子力発電所も津波が襲い、全世界を恐怖に陥れました。

今後、復興への長い道のりが待っていますが、ピンチはチャンスでもあります。

ピンチが大きければチャンスもまた大きいのです。

あの巨大地震と巨大津波の被害から日本人は雄々しく立ち上がり、日本人が本来持っていた美しくたくましい心を取り戻して、再び世界中から尊敬され賞賛される国家を再建したと、将来の歴史家が評価する時代が必ずやってくると確信しています。

さて、阪神淡路大震災のときもそうでしたが、今回も世界中の人々が、これだけの災害に直面しながらも、被災地の人々が、冷静で、秩序正しく、お互いに助け合い、分かち合い、譲り合い、励ましあう姿に、感動し賞賛しましたね。

アメリカの日本研究の専門家マイケル・オースリン氏は

「日本人がこうした状況下で、米国でのように略奪や暴動を起こさず、相互に助け合うことは全世界でも少ない独特の国民性だ」(産経新聞)

と、称賛しています。

この被災地で繰り広げられた光景の中に、「道徳とは何か」という命題に対する回答があります。

私たちは、法治国家に住んでいます。ですから法律によって私たちの生命や身体、財産や自由などが保障されています。同時に国民としての義務もまた法律によって与えられています。法律を守らなければ処罰されることは言うまでもありません。

では法律さえ守っていれば私たちの社会は健全に維持できるかというと、そうではありません。被災地のことを考えてみましょう。私たち国民はもとより外国の人々が感動した「被災地の日本人」のあの姿を思い出してください。

・奇跡的に九日ぶりに瓦礫の下から救出された十六歳の安部任《じん》君が、救出した警察官がお菓子と水を渡そうとすると、それを断って、瓦礫の下にいるおばあさんを早く助けてと頼み、大丈夫だよという警察官に「ありがとうございます」と丁寧にお礼を言う姿。
・五十本のバナナを一〇〇人で分け合って飢えをしのぐ人々の姿。
・極限状態の中にありながら、テレビに向かって国民の支援に感謝の言葉を言う姿。
・家族や家をなくしたであろう小学生たちが、「肩たたき隊」と称して、グループで避難所のお年寄りの肩をたたいて巡回する姿。
・さぞかし空腹であろうに、自分のことは後にして避難民の皆さんにおにぎりを配っている中学生や高校生の姿。
・目の前で愛する家族が津波に飲み込まれた過酷な経験を語りつつ、自分はまだ良いほうですと、他を気遣う姿。

・自ら志願して、原子力発電所の放水に従事するために、死地へ赴く自衛隊や消防や警察の皆さんの姿。アメリカの人々から英雄として賞賛された原発事故の現場で被曝覚悟で作業に当たっている東京電力の作業員の姿。

これらの行為は法律で決められていることではありません。ですから、自分勝手に振舞っても、支援物資を受け取るために長蛇の列に並ばずに我先にと殺到しても、地震で帰宅できなくなった人々が、駅の階段の真ん中を他の人が通りやすいようにと空けて座らなくても、危険な場所には行かないと現場の作業を拒否しても、法律で処罰されることはありません。しかし、そうはしない日本人の姿に世界中の人々が感動し賞賛するのはなぜでしょうか。同じくアメリカのジョージタウン大学のケビン教授は、

「日本国民が自制や自己犠牲の精神で震災に対応した様子は、広い意味での日本の文化を痛感させた」（同紙）

と述べていますが、まさに、日本人の精神の中に脈々と受け継がれてきた「道徳心」の尊さをあの姿の中に見たからです。

人間社会は、法律だけでは秩序を保てないのです。法律にはないけれど、人間として

守らなければならない規範があるということです。その規範を「道徳」というのです。日本人は長い歴史の中で他に類を見ない高い道徳性を精神文化として築いてきました。第二次世界大戦後、これらの精神文化は徒《いたずら》に否定され、廃れてきたと危惧されていましたが、生きるか死ぬかという極限状態の中に置かれたとき、それは確実に甦ったのです。先のケビン教授は続けて

「日本の文化や伝統も、米軍の占領政策などによりかなり変えられたのではないかと思いがちだったが、文化の核の部分は決して変らないのだと今回、思わされた」と述べていますが、教授が言う「文化の核の部分」こそが道徳なのです。

さらに同教授は

「近年の日本は若者の引きこもりなど、後ろ向きの傾向が表面にでていたが、震災への対応で示された団結などは、本来の日本文化に基づいた新しい目的意識を持つ日本の登場さえ予感させる」

とも述べています。

冒頭、ピンチはチャンスと書きました。この未曾有の大ピンチは、外国の人々が「予感」したように、戦後の六十五年間で希薄になり将来の消滅さえ危惧されていた「本来

の日本文化」を復活させ、それに基づく新しい「国家国民としての新しい目的意識（目標）」を持つ輝かしい日本再生のビッグチャンスなのだということを、私たちは肝に銘じなければならないと思います。

それこそが、この大災害による多くの犠牲や甚大な被害を無駄にしない唯一の選択肢だと思います。そしてそれは日本文化の核である道徳の復活から始まるのです。

序章　第二話　道徳とは何だろう？（2）

第一話で、東日本大震災の被災地の人々の、悲惨な状況の中にありながら冷静で秩序ある尊い姿の中に、日本人が本来持っている道徳心の高さを紹介しましたが、第二話では、道徳とは何かという命題について、さらに突っ込んで考えて見ましょう。

世界中の人々が賛嘆したあの被災地における日本人の姿は、自分のことより他の人のことを先に考える、あるいは自分のことと同じように考える姿です。

これを「利他心」もしくは「利他主義」といいます。ですから道徳の根本は何かというと、この「利他心」なのです。

戦後は、アメリカの占領政策によって、日本の歴史や伝統的価値観や文化などが否定され、アメリカ的個人主義を中心とする価値観がこれにとって替わりました。

個人主義というのは個人の価値を尊び、その自由と独立を重んじる立場（国語大辞典）を意味しますが、同時に俗に「利己主義」とも書かれています。つまり個人主義は利己主義につながり「利他主義」とは対極にある価値観であるといえます。

個人の価値を尊重することは大切なことで、これが軽視される様なことがあってはなりません。

戦前の日本では個人の価値は軽く見られていたと主張する意見がありますが、それは違います。

むしろ、国民としての一人ひとりの個人を尊重する思想は、西洋よりもはるかに古く、日本が国家として成立した時以来の根本思想であったことが、日本最古の歴史書である日本書紀に書かれています。このことは別の機会に詳しく勉強しましょう。

西洋の個人主義と日本の思想との違いは何かというと、利己主義ではなく利他主義だという点です。

自己の利益を他の利益よりも優先するのではなく、その反対で自己の利益よりも他の利益を優先することを尊ぶ思想なのです。

世界中の人々が何故あんなに被災地の日本人の姿に感動したのでしょうか。それは利己主義的個人主義を社会規範の根幹としつつも、その空虚さに彼ら自身が潜在的に感じていたからに他なりません。

なぜなら、人間は自分の中にないものには反応しないからです。

人間の本質は「愛」ですから、いかに利己主義が正義だとされていても、心の奥のほうでは「利他主義」的生き方を理想としているのではないかと思うのです。

だってキリスト教でもイスラム教でもあらゆる宗教は「愛」を説くのですから、みんな心の奥では利他心が人間の生き方として正しいと知っているのです。

日本の文化は、古来からこの利他主義に基づく国民本位主義です。

道徳の基本がここにあるのです。

西洋的な利己主義的個人主義では、あの被災地のような極限状態に置かれた時、暴動や略奪が起こって、大混乱に陥って収拾がつかなくなるのです。

もう一つ「被災地の日本人」の姿からわかる道徳の根本があります。それは「男性と女性のあり方」です。

ごく自然に被災地において人々は、男性は男性の役割を、女性は女性の役割を果たしつつ助け合っていました。

男性と女性の性差をなくそうなどという暴論が現代の日本ではまかり通っていますが、それがいかに不自然で、偏った、人間性否定の考え方であるかということが、「被災地の日本人」の姿から世界中の人々が知ったのです。

道徳の根本の二つ目は「男は男らしく、女は女らしくあれ」という当然過ぎるほど当然な価値観なのです。

現代の日本社会は、どうもそれが当然の価値観ではなくなっていました。これほど人間にとって不幸なことはありません。

女性にとって、世の男性が女性化して幸せがあろうはずがありません。反対に男性にとって世の女性が男性化して幸せがあろうはずがありません。

男性の役割というのは、女性や子供を守ることです。公のために死をいとわずに立ち向かう犠牲的行動です。

公というのは多くの人々や郷土や国家などです。

つまり、男らしさとは何かというと、「死」に立ち向かう勇気ということになります。

誰でも「死」は怖いのです。若い時ほど将来があるのですから余計に怖い。その死の恐怖を、愛によって乗り越える。愛する人を、愛する郷土を、愛するこの国を救うのだという崇高な「愛」によって、死の恐怖を超越しようとする真の「勇気」こそが「男らしさ」だったのです。

まだ人々が狩猟《しゅりょう》をして生きていた時代、女性や子供たちを養い守っていくために、男たちは危険を顧みず日々獲物に立ち向かっていました。常に死と直面した人生だったはずです。

農耕時代になっても、外敵や災害から女性や子供を守るために、男たちの死と直面した人生に変りはありませんでした。

戦後六十五年という長い平和な時代が続いて、現代の日本男性は、死と直面する経験を持つことが極めて限られてきました。

その結果、死と直面する勇気という「男らしさ」が希薄になってきたのかもしれません。

しかし、被災地の極限状態に置かれた時、それは見事に蘇りました。

十万人もの自衛官の方々が被災地で活動していましたが、みんな命がけでした。

元自衛隊の大幹部だった方から聞きましたが、約五〇〇人もの自衛官は自らも被災者で親族が亡くなったり行方不明だったり、家が流されたりしていたにもかかわらず、自分のことは後にして部隊の一員として不眠不休で活動しており、現場の二十代そこそこの若い隊員たちが腐乱した遺体を背負って運び、お風呂もシャワーもなく（仮設の風呂を自衛隊で設置しても住民優先で自衛官が使うことはなかった）、強烈なにおいで非常食の缶詰飯ものどを通らない中で活動していたというのです。

また福島原発事故の現場でまさに死を恐れないで行動していた自衛官の本気さに感動した米軍が、本格的支援に乗り出したという産経新聞の記事などに、真の男らしさを見、その崇高な勇気ある行動に涙せずにはおられませんでした。

一方、女性らしさとは何でしょうか。

それは暖かく包み込む優しさです。

男性たちが女性や子供を命がけで守ってきたのは、女性は新しい命を産み育てる尊い存在だからです。人は誰でも例外なく、母親から生まれ、母親のお乳を飲んで育ち、母親の笑顔を見て感性を養い、母親の声を聞いて言葉を覚え、母親の立ち居振る舞いを見て文化を継承してきたのです。こんなに尊い存在が他にありましょうか。

だからこそ男性たちはそのような尊い存在である女性を守るために、命を惜しまず死も恐れず、危険に立ち向かってきたのです。

男性らしさが「死」を知ることから得られるとしたら、女性らしさは「生」を知ることから得られると思うのです。

いのちの誕生の尊さをもっともっと知って欲しいのです。

間違ってもジェンダーフリーなんかに惑わされてはなりません。


絆は、分かち合いの心から生まれる。

そして、人間にとって真の幸せとは、富ではなく絆から生まれる。

分かち合えば少ない物でも足り、奪い合えばどんなに豊富に物があっても不足するのだ。

そして、「分かち合えば、悲しみは小さくなり、喜びは大きくなる」のだ。

「利他心で、分かち合う絆の文化」を、「震災後」という新しい時代に向けて発信していかなければならない。

第八章　教育者は、国を愛し、郷土を愛し、人を愛する。

教育にイデオロギーは不要である。

少なくとも教育現場にそれを持ち込むことは断じて許されない。

ひたすらに愛国者であり、郷土と人々への愛によって裏打ちされた人格こそが、教育者たる資格である。

戦後教育は日教組を中心とした左翼イデオロギーによって、偏向した教育がまかり通ってきた。

日教組教育は国家を否定し、極東国際軍事裁判（東京裁判）によってつくられた歴史観にたち、日本社会を形成してきた家族や郷土の地域社会などの共同体までも否定してしまったのだ。

この戦後教育の過ちから教育を立て直すために、教育者自らが愛国者たることを宣言するべきである。

私も教育者の一人として熱烈な愛国者である事を宣言する。

勇志の心

当校の校訓は、「勇志の心」と銘打って「国を愛し、郷土を愛し、人を愛する」である。教育者の基本的な資質、及び教育の目標とすべき基本もまた、この三点に集約されるという意味が込められている。

だから、これは「勇志の心」となっているが、日本の「教育の心」でもあると考えている。

ところが、戦後のわが国の教育は、その逆であった。

愛国心は軍国主義につながるといっては否定され、自虐史観で日本の歴史は断罪されて教えられ、個人主義という名のもとに、郷土を形成する地域共同体や家族共同体すらも否定されてきた。

人権教育の結果、利己主義をはびこらせ、人を愛する心すらも希薄化させた。

もちろん、そんな教育界にあっても、敢然《かんぜん》と孤軍奮闘《こぐんふんとう》して信念を貫いてこられた素晴らしい先生方も数多くいらっしゃる。

しかし残念ながら、戦後教育そのものの流れが変るまでには至っていない。

一方で、若者はそんな「戦後教育」に愛想を尽かし、日本人としての誇りや助け合いや分かち合える絆や、人としての愛情を求めている。

その証拠に、この「勇志の心」を、ホームページで見て入学を決めたという生徒が急増中である。

平成十七年に開校したとき、僅か一一四名だった生徒数は、七年目の現在一〇〇〇名を軽くこえた。

この少子化の時代に、毎年、前年対比一三〇％から一四〇％で推移してきたが、当校の基本スタンスが若者のニーズと一致している証拠である。

一部の先生たちが愛国者であっても、学校の教師全体がそうでなければ生徒たちには伝わらない。

当校の教職員は、最低条件として、愛国者でなければ務まらない。

と言っても無理にそうしている訳ではない。もちろん、当校の教職員は、勉強会など機会を捉えて正しい歴史を学び、日本の素晴らしさを学習している。

しかし、それよりも総合学習や特別活動を活用して、日本の歴史や国柄に関する当校独自の授業を行っているのである。

先生たちは、担当教科に関係なく、全員が輪番で担当しなければならなくなっていることが大きい。

教材作りは各自でしなければならない。だから自分の責任で勉強することとなる。勉強すればする程、今まで知らされていなかった事実を知って感動する。

こうして、当校の教職員はどこに出しても恥ずかしくない「愛国者」になってきたのだ。このことについては第九章で詳しく紹介する。

若い先生たちも、生徒たちと同じように、正しい歴史や日本の素晴らしさは教えられていない。

当校に採用されたときは皆そうだ。

しかし、短期間のうちに日本人としての誇りに目覚め、使命感に燃えてくる。

そして、先生たちは自分の感動を生徒に伝える。

すると生徒たちが感動する。
こうして相乗効果で学校全体に「勇志の心」が浸透してきたのだ。

マレーシアで知った祖国の歴史の真実

私は、若い頃青年海外協力隊に参加して、二年間マレーシアで柔道と逮捕術の指導に当たってきた経験がある。昭和四十五年から四十七年のことだ。

昭和二十年生まれであるから、私も戦後の教育を受けて育った世代である。だから大東亜戦争を太平洋戦争と習い、日本がアジアを侵略した戦争だと教わった。協力隊を志願したのはその罪滅ぼしをしたいと思ったからだ。

しかし現地へ行ったら全く事情が違っていた。

現地の人々は、

「マレーシアは、日本の大東亜戦争のおかげで、長かった植民地支配から独立でき、今こうして英米とも対等に付き合えるようになったのだ」

と言って

「テレマカシ、バニャ、オラン・ジュポン」（日本人よ、ありがとう）

と感謝するのだった。

マレーシアは、一五一一年にポルトガルにマレーシアの要衝《ようしょう》マラッカを占領されて以来、欧米列強に蹂躙《じゅうりん》されてきた。

一六四一年からはオランダに、一七八六年以降はイギリスに、四〇〇年以上も植民地として支配されてきたのだ。

その植民地の歴史に変化が訪れたのは、一九四二年のことだ。

つまり、日本軍の快進撃でイギリス軍が敗退し、その結果、マレーシアは、イギリスの植民地から解放されたのだ。

一九四五年、日本敗戦によって、イギリスの植民地支配が復活したが、もはや独立への思いに燃え上がったマレーシアの人々の熱い思いは、誰にも押さえつけることはできなかった。

そして、一九五七年に、マラヤ連邦として独立を果たし、一九六三年にマレーシア連邦が成立したのだった。

私が、マレーシアへ赴任した年の、僅か七年前のことである。

わが国は、戦後、七年にわたって連合国に占領され、徹底的に日本弱体化の政策を断行された経験を持っているが、数百年もの間、植民地として支配されたこれらの国々の人々の悲惨な歴史は、我々の想像を絶するものであった。

全く人間として扱われず、奴隷か牛馬のごとくに、支配者からこき使われてきたのだ。愚民政策といって、学問をさせない、スポーツもさせない、集会もさせないのだ。

フィリピンでは、スペインによる混血政策まで行われた。

つまり、スペイン人はフィリピンの女性を強姦しようと何しようと自由で、混血児をどんどん産ませて、その人たちを自分たちの現地支配の手先として利用しようとしたのだ。

植民地の人々は、一方的に収奪されるだけであった。

どんなに優秀な人であっても、またどんなに努力しても、職場で管理職になることはないし、経営者になれることもない。

このような屈辱《くつじょく》の歴史が、十六世紀から二十世紀半ばまでの、日本を除くマレーシアなどの世界中の有色人種の国々の歴史なのだ。

その世界の歴史が、日本の明治維新以来の日清、日露、そして大東亜戦争という民族の命運をかけた孤軍奮闘の戦いの結果、終焉したのだ。

マレーシアの人々が、日本人である私に、満腔《まんこう》の敬意と感謝を込めて

「テレマカシ、オラン・ジュポン」

と話しかけてくれたのは、そのような歴史があったからだったのだ。

私には、マレーシア在任時代の忘れられない人物の一人に、ラティフさんがいる。

彼は当時マレーシア警察の警部で、インド系マレー人だ。

一九三五年の生まれだったから、日本陸軍がコタバルに上陸して銀輪部隊で一気にイギリス軍を駆逐《くちく》していった頃、彼は六〜七歳だったが、その時の事を、昨日のことのように覚えていた。

周りの大人たちが欣喜雀躍《きんきじゃくやく》して日本の勝利とイギリスの敗退を喜んだ。

当時の彼らにとって、白人は絶対に勝てない半ば神みたいな存在として認識されており、独立することなど考えもつかなかったのだ。

それが、同じアジアの、同じ肌の色をした日本人が、圧倒的強さを発揮して、一方的に勝利したのだから無理もない。

一気に独立の気運が高まったのだった。

そのラティフさん、友人たちから変人扱いされていた。町で日本の若者を見かけると必ず声をかけて、自宅に招待して何日も大歓待し、餞別まで渡して送り出すのであった。

乏しい家計の中からである。

当時は「ヒッピー族」といわれる日本の若者がよく無銭旅行をしていたが、その連中が恩恵にあずかった。

ラティフさんは、私の逮捕術の生徒の一人であったから、あるとき一緒に酒を飲んだ。そのとき彼にこのことを質問した。

「ラティフ、何で君は友人たちから変人扱いされてまで、あんなことを繰り返しているのかい？」

すると
「俺は何も物好きでやってるのではないよ。日本の若者に質問したいことがあるからだ。しかし、日本人はシャイだから、数日一緒に生活して親しくなってから聞くのさ。そのためだ」

と言うのであった。

その質問の内容をさらに問うた。

「一つは天皇陛下のことについて、二つには大東亜戦争についてだ」

と言う。

そこで、その答えはどうかと聞いたとたん、彼は激昂《げきこう》してテーブルをたたきながら大声を上げた。

「ノダ、日本の若者はどうなってしまったんだ。日本では戦後どんな教育をしているのだ」

「天皇陛下については、皆『天ちゃんのこと？　関係ねーよ』という」

「大東亜戦争については、皆異口同音に『あれは父親たちの世代が悪いことをしました。すみません』と頭を下げるのだ」

「ノダ、俺はインド系のマレー人だ。しかし日本の天皇陛下を世界で一番尊敬している。それなのに当の日本人が関係ねーよとは何事だ」

「俺は謝ってもらうためにあんなことを繰り返しているのではない。日本の若者から、日本の輝かしい歴史についての誇りを聞きたいのだ」

あとは大変、男泣きに泣きながら悔しがるのであった。

戦後教育で育った私は、マレーシアで、初めて祖国日本の栄光の歴史の真実を知ったのだった。

このときの魂の底からの湧きあがってくる悦びと、日本人としての誇りと、燃えるような愛国心が、その後の私の価値観、世界観、人生観をすっかり変えてしまうこととなった。

ラティフさんには、後日談がある。

私は、協力隊から帰国して十数年ほど経って、再び彼の地を訪れる機会があった。

そのとき、柔道や逮捕術の懐かしい仲間達が、歓迎パーティを開いてくれた。

その席にラティフがいないので、どうしたのか皆に聞いた。

「センセイ、知らなかったのか。ラティフは五年前に亡くなったよ。センセイが帰国して以来、彼は本当の日本人がいなくなったといって寂しがり、毎日酒におぼれて身体を壊したのさ。晩年の彼は、いつも酔っ払ってブツブツ独り言を言ってたよ。『日本人はどうなったんだ。あの日本はどこへいったんだ』とね」

「だから、ラティフを知る俺たちは、皆言ってるよ。ラティフは日本に恋焦《こ》がれて狂い死んだとね」

私は、その話を聞いて恥も外聞もなく、声をあげて泣いた。

周りにいたマレーシアの友人たちも一緒に泣いてくれた。日本のためにだ。

余りにも情けなかった。余りにも悔しかった。そして余りにも悲しく、ラティフを始めとするアジアの人々に申し訳がなかった。

青年海外協力隊での現地体験で、日本人の誇りが甦り、愛国心が湧いてきて、私の心境に大きな変化が起こった。

人生が喜びに満ちたものに変わったのである。生きているということがこんなにも楽しいものだったのかと驚くほどであった。

祖国の歴史を自虐史観で教えられて嬉しい筈がない。

日本人として誇りをもてないということは、人間としての誇りももてないということだ。そんな人生が楽しいはずがない。

私は、この経験以来、何世紀にも亘って続いてきた、白人による有色人種の植民地支配という、おぞましい人類の歴史に幕引きをしたのが、祖国日本の輝かしい歴史だったことを、日本の若者に伝えなければならないと、固く心に誓ったのであった。

教育者は最も愛国者でなければならない

自らが生まれ育った国を愛することができるということは、国民として最も幸せなことである。

逆に、祖国を愛することができないということほど不幸《ふしあわ》せなことはない。

教育の最大の使命は、国を愛する喜びや幸せを教えることに尽きる。

それは、自らを肯定し、自らに誇りを持ち、自らの人生に希望を抱く基礎だからだ。

そして、自らを肯定できてはじめて他人を肯定できるのだ。

絆はそこから生まれる。

自らの祖国を愛せなくて、自らが住む郷土を愛せるのか。愛せないその国に住む同胞を愛せるのか。また、自らの国に誇りを持てぬ者が、他国を尊ぶことができるのか。

そして、他国の人々を敬うことができるというのか。

「戦後日本」という時代は終わった。

「震災後」という新しい時代の出発に当たっての教育の立脚点は、まさにこの一点にある。

これからは、「国を愛し、郷土を愛し、人を愛する」人物でなければ教育者たり得ない。

熱く真心を込めて、愛する祖国日本を若者に語る教育が復活する日が来たのだ。

第九章

教育者は、正しい歴史観と国家観が教育の基本と認識する。

国を愛する心は、正しい歴史観と国家観から生じる。

一方的に日本を断罪した東京裁判史観からは、次代を担う青少年に日本人の誇りも国を愛する心も育つはずがない。

教育の根本は祖国の尊い歴史を青少年に伝え、伝統を受け継ぎ、祖国をより発展させる希望と力を養成する事にある。

そのためには先ず教育者たるもの、自らがわが国の正しい歴史の研鑽に努め、世界に例のないご皇室を中心とした尊い国柄を知ることを基本としなければならない。

「誰が正しいと決めるの？」

卒業生の一人に早田理沙子という子がいた。

彼女は元気もいいが後輩たちへの面倒見もよく、スクーリングの際には、男子女子問わずにリーダー格であった。

あるとき、私が生徒一同に「勇志は正しいことを正しいと、はっきり言う学校です」と、話した事があった。

すると、彼女がすかさず反応して質問してきた。

「校長先生、正しいか正しくないかは、誰が決めるの？」

ここは即答すべきではないと思ったから、

「いい質問だ。私も考えたことがなかった。明日の道徳授業の時まで考えさせてくれないか。皆にも考えて欲しい」

と返しておいた。

翌日の道徳の授業の冒頭、

「昨日の質問の答えを言います。物事が正しいか正しくないかは、歴史が決めるのです。以上。質問は？」

皆、納得という顔をして手を上げる者はいなかったが、授業が終わってから、彼女が私を訪ねてきた。

「校長先生、私は校長先生のこと信用するよ。歴史が決めるんだよね。今まで小学校の時からずうっと、学校の先生が正しいという時、同じ質問をしてきたの。でもね、小学校でも中学校でも、前籍校の高校でも、誰の答えも納得いかなかった。それは先生が決めるといったり、校長が決めるといったり、教育委員会が決めるといったり、政府が決めるといったり、親が決めるといったりで、全然納得いかなかった。だから、学校の先生たちは信用していなかったんだ。でも、歴史が決めると聞いて、納得したよ。初めてだよ。学校の先生が信用できると思ったのは」

この時の私の答えには、次のような説明を加えておいた。

「人間の行いの善悪については、長い歴史の中で何度も何度も同じことが繰り返されてきて、こうすればよい結果が出て、ああすれば悪い結果が出るという経験が蓄積《ちくせき》されてきて、それが『知恵』となって、それを基準にして正しいとか正しくないとかが分かるということだよ。そして道徳は、そのようにして人間が長い歴史の中で積み上げてきた知恵を学ぶことなんだよ」

と。

ところがそんな話をしながら、私の胸中には、

「待てよ。俺はこんな事を話しているが、その歴史が歪められていたり、作られたりしていたらどうなんだ」

という疑念が湧いてきた。

例えば、戦前の日本の歴史は全てが「悪」で、欧米の歴史が全て「善」だ、と教えられたらどうなるか。

日本の「知恵」は、間違いで、欧米の「知恵」だけが正しいということになる。現に戦後の日本はそうではないのか、と。

そして、改めて、我が校は「正しいことを正しいと、はっきり言う学校」として設立されたことを、思ったのであった。

「総合学習」と「特別活動」で新しい試み

「正しい歴史観と国家観を取り戻す学校にしたい」

というのが、当校の設立者であり、当校の母体である学校法人青叡舎《せいえいしゃ》学院の熊本叡径理事長の強い思いである。

私はその思いに賛同したからこそ、こうして共に学校設立から活動してきた。

最初の数年間は、手探り状態でなかなか我々の理想とする内容の教育には、届かなかった。

しかし、少しずつ改良しながら、その理想に近づいてきた。

その一つが、二十二年度から総合学習を活用して実施している「天皇陛下に関する学習」と、特別活動で実施している「映画鑑賞による歴史教育」である。

平成二十三年度の総合学習は『天皇陛下のご巡幸』をテーマとした。

今上陛下の東日本大震災被災地のご巡幸に始まり、昭和天皇の戦後のご巡幸までがその内容だ。

平成二十四年度は『終戦のご聖断』の予定である。

特別活動は、知覧の特攻隊員と特攻隊の母と呼ばれた、鳥浜とめさんの物語『俺は君のためにこそ死ににいく』を鑑賞した。

平成二十四年度はインドネシアの独立をテーマにした「ムルデカ」を予定している。

機会を作っては映画「めぐみ」も鑑賞させている。


そもそも、学習指導要領では、小学校六年生で
「天皇の地位については、日本国憲法に定める天皇の国事行為など、児童に理解しやすい具体的な事項を取り上げ、歴史に関する学習との関連も図りながら、天皇についての理解と敬愛の念を深めるようにすること。」

と規程されている。

しかし、現実にはこの規程は、ほとんど実行されていない。当校の総合学習によって、初めて天皇陛下のことを学習したという生徒ばかりだ。

それ以前に、現場の先生たちが、そのような教育を受けていないのだから、天皇陛下

について語る言葉を持たないだろうし、語っても伝わりもしないだろう。

天皇陛下については、日本国憲法の第一章で八ヵ条にわたって規程されている。日本の象徴であり、国民統合の象徴である天皇陛下についての知識が、日本人でありながら、全くないという異常さは、一日でも早く改善しなければと痛切に思う。

私は、いつも本校の先生たちに、教育は感動がないと生徒たちの心には響かないこと、そして、感動を与えてくれた先生をこそ、生徒たちは尊敬するのだと話しているが、考えても見れば、人生経験の少ない若い先生たちが、自分の乏しい体験や、そこから出てくる言葉によって、生徒たちを感動させる事は所詮《しょせん》無理な話なのである。

そこに、歴史教育の重要性があり、難しさがあるのである。

歴史的事件を時系列に暗記するだけの無味乾燥な授業は歴史ではない。人物中心の生きた感動を伝える事こそが歴史の授業でなければならないのだ。

そのための最高の学習テーマこそが歴代の天皇陛下なのだ。

日本の中心であらせられる天皇陛下が、国民にこれだけ感動を与えられるご存在であるという事実は、まさに世界の奇跡である。

「総合学習」と「特別活動」は全員が担当

我が校の「総合学習」と「特別活動」の特徴は、担当教科に関係なく教師全員が、この授業を輪番で担当する事にしていることである。

従って、我が校の先生たちは、教材作りから手がけなければならない。

若い先生たちは、天皇陛下について勉強した事はもちろん、真剣に考えた事もなかったはずだ。

それが初めて、自ら勉強しながら、感動と共に、天皇陛下のご存在の意味や、皇室の歴史や、そして日本の国柄の尊さを、真剣に考える事になるのである。

そうして教材ができ上がり、それをもとに「総合学習」と「特別活動」の授業をするのである。

新任の先生たちも同じだ。

いきなり授業をしてもらう事には、テーマがテーマだけに、私にも最初は若干の不安はあった。

しかし「案ずるより生むが易し」だった。

先生たちは自分の感動をそのままストレートに生徒たちに語り、感動的で素晴らしい授業を実施しており、その感動が生徒たちにストレートに伝わっているのである。

この総合学習を受ける時の、生徒たちの態度が他の授業の時とは全然違う。

びっくりするほど、真剣かつ真面目に聞くのである。

若い彼らにも脈々と日本人のＤＮＡが受け継がれ、日本人の血が流れている事を感じさせられる。

以下に、この総合学習を担当した先生たちの感想を掲載させていただく。

徳永頼一（社会科・現在福岡学習センター長）

平成二十二年度からの学校の方針として、新たに社会科担当（地歴）の同僚となった山崎先生と輪番で、総合学習で天皇陛下についての授業をする事に決まりました。

まずは天皇陛下御在位二十年奉祝を記念したビデオを視聴させて、説明をするという授業にする方針になりました。

平成二十二年度のスクーリング開始前、私は山崎先生と相談しながら指導案・プリントを作成し、授業に臨みました。

正直、授業を実施する前は生徒がどのような反応をするのか、期待と不安と半々の心持ちでした。

実際に授業を進め、ＤＶＤを見せると気のせいかもしれないが、普段と目の輝きが違います。生徒の姿勢が良くなっているのです。普段は大人しい生徒も少々騒がしいところのある生徒も、視線の先にある画面に映し出される、天皇・皇后両陛下のお姿に見入っている様子に、こちらも身の引き締まる思いでした。

自分自身、小学校から大学までご皇室に関して教わったことはなく、自分自身が勉強して初めて知ることも多々ありました。

しかし、今は亡き祖父から、泣き虫だった幼少期に言われた、

「男が泣いていいのは天皇陛下が崩御なされた時と親が亡くなった時だけだ」

という言葉と、大学の卒論で景行《けいこう》天皇にまつわる山鹿灯籠《やまがとうろう》の研究に取り組んだことが現在に繋がっています。

これから社会に出る勇志の生徒を、ぜひ御皇室を理解した真の日本人に育てていきた

いと思います。

（生徒の感想）

・天皇陛下のことを詳しく勉強したのは初めてで、いろいろな公務をなさっていることを初めて知りました。また、両陛下のご家族との絆を大切にされて、遠い存在だったけど少しだけ近くに感じられました。（二年女子）

・一番驚いたのは、天皇陛下が田植えをされているということでした。私の考えていたイメージと違っていたので大変びっくりしました。（二年女子）

・今まで機会があれば調べようと思っていた皇室のことを知ることができて嬉しいです。また、天皇陛下がどのようなことをなさっているのかを知り、陛下の偉業も知ることができてとても充実した授業でした。（三年男子）

・今まで天皇陛下がどんな仕事をなさっているか知らなかったので、一〇〇〇件以上の書類に押印したり、いろんな場所に行ったりされていて、大変なんだなと思いました。どんなに忙しくて大変でも、家族との絆を大切にするという考え方は大切だと思いました。（一年女子）

・天皇陛下は、ただえらい人だと思っていたけれど、いろいろな行事がたくさんあって大変だなと思いました。皇后陛下も休むひまもないくらい一生懸命国民のために色々なことをして下さっているんだなと思いました。（二年女子）

・ＤＶＤを見て天皇陛下と皇后陛下の活動を知ることができてよかったです。新嘗祭など名前だけは知っていましたが、十一月二十三日に行われる五穀の豊穣を感謝する宮中のお祭りだとは知りませんでした。今回の授業では日本国民に必要な様々なことを学べたと思います。（二年女子）

・授業を受け、陛下のお心遣いがとても尊敬できるものに感じました。一番に国民のことを考え、色々な所に足を運ぶ姿が献身的で感動しました。（一年女子）

・天皇・皇后両陛下の表情がいつも、とてもおだやかで、毎日スケジュールが組まれていて、それが何十年も続いていることがすごいと思いました。（三年女子）

山崎　努（社会科）

総合学習１（二十二年度）

内容：ＤＶＤ（企画：内閣府　製作：毎日映画社）『天皇陛下　御即位から二十年』を視聴により、御皇室を理解する学習。

詳細：御即位に関する内容・ご公務・儀式・ご研究・陛下のおことば等・ご家族との絆

私の感想

天皇陛下という言葉は全員の生徒が知っていますが、具体的にどのような事をしているのかはほとんどが知らない状態です。生徒は、学習によりご皇室を知り理解することができました。

生徒の感想

１、普段なかなか天皇陛下のご公務や儀式を知る機会が無かったけど、毎日とても多くのご公務をなさって、そして天皇陛下がどれだけ国民の幸せを願っているかが分かりました。

大変な立場なのに、いつも国民を想い、家族を大切にしている姿が素晴らしいと思いました。
2、自分の思っていた天皇陛下の仕事は、国民に手を振って笑っているだけが仕事だと思っていましたが、この授業を受けて国や国民の為に働いていてくれていると感じました。
3、今まで天皇陛下が何をしているか知りませんでしたが、この授業を受けて、陛下が日本国と日本国民を大切にして下さっていることを知り身近な存在のように感じました。日本国の象徴としてとても大切な存在だと思いました。
4、誰よりも上の存在なのに全く自由のない生活をしていると思いました。
5、陛下の存在は漠然としか知りませんでしたが、今回の授業を受けて普段どんなことをしているのかが分かりました。お田植えをなさっているのは初めて知って驚きました。
陛下が「歴史を正しく知ることが大切」と仰っていましたが、その通りだと思いました。

6、授業を受けて天皇陛下の偉大さを感じることができました。

7、今まではニュースを見ても何も感じなかったけど、ご公務や儀式で忙しいのに、お田植えをしていて、それは世界の王様の中で天皇陛下だけだということに驚きました。陛下の事をもっとたくさん知りたいので色々調べたいです

8、両陛下が家族の絆を大切にしていることを知って、遠い存在だった陛下を近くに感じることができました。

9、全く興味が無かったけど、人々の為にとても大切なことをしてくれていると知ってびっくりしました。人の為に働くことは大事なんだと、学ぶことができました。

10、僕たちを守ってくれている陛下の事を知ることができてよかったです。また、陛下と日本を僕らが守っていかなければならないと痛感しました。

11、天皇陛下は国民のことを第一に考えてくれていて、本当にすごいなと思いました。

12、常に国民の為に平常心をお持ちになっているので、すごいなと思いました。

総合学習2（二十三年度）

内容…ご巡幸を通じて両陛下のお気持ちやお考えを知る学習。
詳細…各教員がご巡幸に関する資料を作成し授業を行う。
　ご巡幸を通じて日本の国柄を理解する。

私の感想

震災という危機を迎えたことにより、国民の中に共通認識が生まれ、一体感ができたように感じました。

共通認識の中心になるのが天皇陛下とご皇室であることを、生徒たちが感じたように思いました。

生徒の感想

1、国は人からできていると感じました。
　政治家ではなく、国民と苦楽を共にするというお姿に感動しました。
2、被災地を訪問されたことを知り、陛下は本当に国民のことを大事にしていると思いました。

3、天皇陛下はご巡幸されたり、今回被災された方々にメッセージを送ったりと、常に私たちのことを考えておられるということが伝わるので、凄いと思いました。いつも国民に愛情を注いでいる感じがするので、天皇陛下がそこにいるだけで、安心感を得られます。

4、愛＝自己犠牲の精神の力は、偉大だと思いました。

5、天皇陛下は、常に日本国民のことを考え、自分の今できることをして、日本に尽くしているということが伝わってきました。天皇陛下のお考えを知ることができて嬉しかったです。

6、陛下の様々なご活動を知り、感動しました。勇志の校訓どおり、国・郷土・人を愛し続ける男になります。

7、天皇陛下は、常に国民の事を考え、自分を犠牲にして国民を助けようとするのはとても凄いことだと思いました。だから、われわれ国民も天皇陛下を尊敬しているのだと思いました。自分も天皇陛下のように、人の為になるようなことをこれからしていきたいと思いました。

8、天皇陛下は一番偉い人なのに、国民と同じ立場に立って、国民と苦楽を共にするという思いに心を打たれました。今まではあまり意識していませんでしたが、誇りに思いました。

以上のことから、生徒は天皇陛下とご皇室を知ることによって、利他心について知ることができたと感じています。

三浦大樹①（国語科）

私が担当する「総合学習」の授業では、天皇陛下の「ご巡幸」を通じて、天皇陛下がいかに国民の幸せを第一に考えて行動しておられるかを伝えることで「国を愛し 郷土を愛し 人を愛する」生き方について生徒たちが理解するように意識して授業を進めています。

授業の展開としては、まず、昭和天皇のご巡幸の映像やエピソードを紹介することで、天皇陛下のご巡幸が過酷な環境の中で行われていたこと、そのような環境の中にあっても、国民を励ますことを何よりも優先して動かれたことを説明します。

次に、初代神武天皇の「この国の民が心安らかに住める、平和な世の中にしたいと思う」という建国の理想が、現在の今上天皇まで一二五代引き継がれていることを話し、最後に今上天皇の平成のご巡幸でのエピソードなどを話し、まとめます。

私自身、事前学習で天皇陛下のことを知るにつれて、日本人の利他心のルーツは天皇陛下の生き方そのものにあるということを改めて実感しました。

どの生徒も授業に真剣に耳を傾け、感想文では
「天皇陛下はあらゆる面で優遇されていると思っていましたが、授業を受けて、天皇陛下に対する見方が変わった」

「国民と苦楽を共にするという立場をとり、全国を回られている天皇陛下は素晴らしい」

「天皇陛下の行動を見て、私は日本人でよかったと思いました」

といった感想がたくさん寄せられています。

総合学習で天皇陛下について教師全員が授業をするという当校の方針は、まず私たち教師が、事前の勉強をする中で天皇陛下の徳の高さに感動し、日本の国柄への認識を深

めることができて、教育者としての使命感を一段と高める事ができました。

そして、生徒たちに感動を与え、日本人としての誇りを感じさせる授業ができて、嬉しく思っています。

福山慎二（理科）

総合学習を終えた生徒の感想を読むと、初めて参加した生徒のほとんどが、これまでに御皇室について学んだ経験がないことがわかる。

「何もしていない」

「お金持ちで楽な生活をしている」

このような印象を持って授業に臨む者が多い。

「相手をいたわる気持ち・利他心というものが、今回の東日本大震災から生まれたものではなく、日本人が昔から持っていたということ、またその根源が長い歴史をもつ天皇陛下を中心とする御皇室にある」

ということを、多くの生徒が総合学習を通じて知ることができた。

今上天皇のお言葉を聴いたある生徒が

「優しそうなお方」

と感想に書いていましたが、映像を通して、災害等で困窮している国民に対する接し方、国民とともに歩むというお考えに共感することができた。

今後は自分自身がさらに天皇陛下に関して学び、自分の言葉で生徒に語ることができるようにすること、そして、生徒の声を引き出しながら授業ができるような展開を構成することが課題として挙げられる。

とにかく、教師全員がこの「総合学習」を担当する事で、職員皆が教師としての精神的な核ができたことを感じている。

満重浩平　（英語科）

「ご巡幸」をテーマにした総合学習の授業を行っていく中で、感じたことをまとめてみたい。生徒達の感想文でよく出てくる内容は、

「天皇陛下って、ただ偉いだけで何もしていない人だと思っていた」

「いい暮らしをして、手を振って笑顔を見せているだけだと思っていた」

といったものが多い。

しかし、授業を受けた後には、

「天皇陛下は本当に国民のことを思ってくれているんだということがわかった」

「皇室の歴史はとても長くて、日本は凄い国だなと思った」

等の内容が書かれている。

こういったことから、本当に生徒達は、皇室がいかに貴い存在か、天皇陛下がどれだけ重要な仕事をしているのかを今までの学校で学んできていないことを実感できた。

その結果、自分の母国である日本に対する愛情がなかったり、日本人であることに誇りをもてなかったりする人が多いことにつながっていると思う。

戦後教育の間違いがここにあると感じた。

私自身もそうであった。

勇志の職員になるまでは、天皇陛下のことや日本の国柄について深く考えた事は無かったが、この授業の準備をする中で、天皇陛下の存在が、いかに重要な意味をもっているか、日本人として生きていく上でなくてはならない存在であるかなど、学ぶことができた。

そして天皇陛下の学習によって、初めて日本の国柄の素晴らしさを知る事もできた。

今後もより見識を深め、生徒達に日本の国柄、皇室の貴さを伝えていけたらと考えている。

馬場琴子（英語科）

「日本は羨ましいわね」と留学中に言われた話を必ず「総合学習」の冒頭では取り上げることにしている。

私が短期留学でカナダに滞在していた際、ステイ先のママに言われた一言だ。

日本の事を話していた時に、

「日本には長い歴史があって羨ましいわ。カナダは歴史の浅い国だから」

といわれたのである。

日本には長い歴史があるが、まさかそれが他国から見て「羨ましい」といわれることとは夢にも思わなかったので、その一言には非常に驚いた。

また、その話を授業ですると、生徒も同様非常に驚いた表情になるのだ。生徒は他国から見て日本が「羨ましい」存在であることを知らない。

そんな生徒たちに、天皇陛下の国民に対する想いや、また国民の天皇陛下への思いを伝えると、非常に真剣なまなざしで、時に（学科の授業ではしないのに）うなずきながら聞いてくれる生徒さえいる。

また、授業を受けた感想には
「位の高さや高齢にもかかわらず、被災者の前で膝をつき親身に話を聞いて回ってくれる両陛下の姿に、国民は感動し傷ついた精神が回復していくのだと思う」

「万世一系で長い歴史のある日本を誇りに思います」

「天皇陛下は日本にとって必要な存在だと思うし、天皇陛下のおかげで国が成り立っているんだと思う。」

「天皇陛下の優しい気持ちが何より国民を励ますのだと思う」

など、確かに伝わっているのだと、手ごたえを感じることのできる感想を読むことができる事もまた、非常に嬉しく思う。

また、「総合学習」は、「学問」ではなく、純粋に「知らないことを知る」授業であるため、苦手意識を持たずに授業を受けることができる。

初めて、日本という国、天皇陛下の存在について知ることで、ただ純粋に感動し、驚き、納得していく様子を毎回の授業で感じることができた。

英語の授業では感じることのできない手ごたえや表情を見ることのできる、非常に貴重な授業であると感じている。

西島祐次郎（数学科）

私が勇志国際高等学校に赴任して一ヵ月後の五月に、学校長が、〝総合学習のテーマが「天皇」。二十三年度の総合学習のテーマは「ご巡幸」です。スクーリング時の授業は輪番制で全職員に担当してもらいます。〟ということを発表されました。

私は正直、混乱しました。

勇志国際高等学校に赴任する前は全日制で四年間、数学科の教員として勤務していました。数学の授業をするのならまだしも、天皇陛下について授業をすることになりました。そして「ご巡幸」という言葉もその時に始めて聞きました。

学生時代もこのようなことは授業であった記憶もなく、歴史の知識も少ない私が生徒に対して授業をしないといけないということで、不安な気持ちでいっぱいでした。

しかし、

「授業の準備をする中で感じた『感動』を生徒と共有すれば良い」

という学校長の言葉を聞いて、開き直ることができました。

生徒に対して「教える」ではなく「伝えて感じてもらう」という気持ちで授業に臨みました。

私が開き直ることができたのも、「総合学習」の授業の準備をしている中で、確かにたくさんの感動を得たからです。そしてその感動は必ず生徒にも伝わるはずだと確信があったからです。

実際に生徒の反応は私が想像していたことより多くのことを感じてくれました。それは私より年上の社会人の生徒でも同じでした。今まで考えてなかった内容について一時間の授業と、その中で数分の映像を見るだけで、日本の国柄や日本人としてどうあるべきかを感じてくれたと思います。

何より、今回「総合学習」の授業を担当したことにより、生徒よりも私自身が一番勉強になりました。

生徒の感じたこと

1、国民の幸せのために各地を巡られ、国民に声を掛ける。国民もそれに応えるために頑張る。改めて日本という国は素晴らしい、世界に誇れる国だと思いました。

2、自分も日本国民として誇りを持って生きていこうと思いました。

2、天皇陛下は日本人のお手本となる人だと思いました。これからも日本の文化、国柄を大切に守っていきたいと思います。

3、天皇陛下が、国民の事を思ってくださるように、私もいつも相手の事を考えて優しい関係を築けるように心掛けていきたいと思います。

4、今までは天皇陛下のことなど考えたことも無かったが、今日の授業を通して、日本の伝統であり、日本の国柄だと分かりました。

5、常に、自分のことより、国民の一人ひとりの事を想い、行動に移されている姿は、本当に日本人の鑑というか、お手本となる人だと尊敬の気持ちを感じました。私も「利他心」を胸に行動に移して生きたいと強く思いました。

6、自分の郷土を愛するように日本という国を愛す心を今まで以上に持ちたい。

7、国民の目線に立って、相手を思いやることができる。そのような温かなリーダーがいるからこそ国民もまた温かな視点を持つことができる。このような「思いやり」が皇室の伝統として受け継がれているのは、日本人として誇らしいことですし、嬉しいことです。ただ、こういうことを知らない（教えてもらえない）若者が増えていると思います。天皇の存在意義を教え「思いやり」の精神を受け継ぐことのできるような教育を受ければと願います。（社会人生徒）

8、国の為に戦った人々、そして天皇陛下がいらっしゃったから今の日本がこうして平和でいられると想いました。感謝の気持ちでいっぱいです。（社会人生徒）

岩本　渚（国語科）

私は、大学を卒業と同時に勇志国際高校に就職させていただいたので、まだ二十二歳の新任の国語の教員である。

教員は例外なく「総合学習」で天皇陛下についての授業をするという方針を聞いて、正直自信がなく、大きな戸惑いを覚えた。

生徒に伝えたい〝核〟が全く見えてこないのだ。なぜなら、私の皇室に関する知識があまりにも不足しており、どこから手をつければ良いのかも分からない状態だったからである。

今年度のテーマである「ご巡幸」に関する資料を読み進めていくうちに、私の中に一つの疑問が生まれた。

それは〝何故、天皇陛下は世界を案じることができるのだろうか〟ということである。これに対して、私は〝利他心こそが人間の本質だから〟という結論に達した。

本質に反することをすると反発を生むことはどのようなことにも当てはまり、人間は自己中心的な行動をしていると争いが絶えないが、他者の事を考えて行動をすれば物事は円滑に進む。

天皇陛下は〝利他心〟を自ら率先して行動に起こし、世界の安寧を願っておられるのだ。私は天皇陛下の〝利他心〟を生徒に伝えることを中心に据えて授業を行った。

ほとんどの生徒は皇室になじみがないため、天皇陛下について実感を持って考えさせることが難しかった。授業終了後は生徒からの反応が怖く、感想文にすぐ目を通すことができないこともある。

しかし、

「天皇陛下のような人を思う気持ちを私たち国民も心に刻み、優しい思いやりのある国や繋がりを作れるよう心がけたい」

「体調を崩してしまわれるくらいの過密スケジュールでご巡幸をなさっているのをテレビで見て、今後の日本の将来にはかかせない方なのだと感じた。」

「助け合いができる日本人として、誇りを持ってこれからの人生を歩みたい」

など、多くの生徒は、天皇陛下のお姿から利他心の必要性や、日本人が受け継いできた思いやりの心を自分も実践していきたいという感想を書いている。

まだまだ勉強不足な点もあるので、より良い授業ができるように今後も勉強を積んでいく。

次に、「特別活動」での「歴史学習」の報告である。

三浦大樹②（国語科）

「特別活動」では大東亜戦争時、知覧で活動していた特攻隊の生き方をテーマにした映画『俺は君のためにこそ死にに行く』を視聴しています。

私はこの映画を最初に見たときに、人が生きる意味は

〝愛する者を幸せにすること〟

〝未来の世代に命や魂をつないでいくこと〟

なのだということを強く感じました。

毎回授業の最初に映画のテーマについて生徒に話をすると「戦争の映画ですか。見たくない」と言った声が必ず聞かれるので「戦争の悲惨さだけを見るのではなく、特攻隊の人々や家族の生き方を通じて「生きる意味」や「命の大切さ」について考えながら見るように話をします。

映画を見ながら涙を流す生徒も多くいます。映画を見終わった後の感想として

「今の私たちがここにあるのは特攻隊の方のおかげだと思いました。」

「この映画を見て戦争に対する考えを改めたいと思います」

「国や家族、愛する人の為に自分に何ができるかを考えて生きたい」

「この人たちの願った明日の日本、すばらしい日本を、私たちは築いていかなければならない」

「今の自分の命を大切に一分一秒を大切に過ごしていきたいと思います」

と言った感想が多数あります。特攻隊の方が遺してくれた「生きる意味」は心に傷を負った十代の若者にしっかりと伝わっています。


次は、千葉学習センターで実施している通学スクーリングにおける「特別活動」の報告である。靖国神社参拝と遊就館の見学を実施している。

今井　修（副校長　社会科）

平成二十三年度、千葉でのスクーリングにおいて、特別活動の一環として私は合計三回およそ五十人の生徒を引率して靖国神社敷地内にある遊就館に行きました。

他の授業との関係上、見学時間は一時間から一時間三十分程度と時間に限りがあったという点はありましたが、大抵の生徒が遊就館の存在そのものを知らず、今回の訪問で初めて存在を知り、生徒にとって大変有意義な時間となったことは明白であります。

引率教員の私が言葉を尽くして説明するよりも実際に見学した生徒たちの感想を以下に原文のまま掲載したいと思います。たくさんある感想文から選択するだけでもたいへん悩まされましたが、決して飾っている言葉ではない生徒たちの率直な言葉を感じていただければ幸いです。

遊就館見学　感想文　原文のまま抜粋。

・実物を見たのは初めてで授業で聞く歴史は頭ではわかっていてもはっきり言ってしまえば現実味のない話だったが、目の前の現物を見て実際にあったことだと改めて認識し、日本が今平和だということを痛感した。今の日本が多くの人の尊い犠牲の上で成り立っていることを忘れてはいけないと思った。（高三　M・Y君）

・時間上、全てを理解するのは難しかったのですが、戦争の過酷さやその惨状が痛いほど感じられました。しかし、日本が行ってきた戦争は決して無駄ではなかったのだと思う気持ちが少し持てるようにもなりました。（高二　I・Sさん）

・遊就館を初めて見学してみて、自分は今生きている時代の前の時代を生きていた人たちのおかげで生きているんだということが分かりました。写真に写っている人たちは笑顔の人たちもいました。亡くなった人たちの軍帽やスプーンフォークに遺書まで残っていました。遺書を残された人たちが読んだらどんな気持ちだったんだろうと思うと悲しくなりました。今日はあまり時間がなくて見られませんでしたが、いつかまた来られる機会があれば、じっくりと見たいと思います。そして前の時代を生きてきた、築いてくれた時代を大切に生きていきたいと思いました。（高一　M・Sさん）

・今回、靖国神社に自分が来たのははじめてで、その横に、こういった日本の歴史を正しく伝えている建物があるとは知りませんでした。近年の日本では報道や新聞などのマスコミ、更には学校での授業でさえ、日本の歴史を正しく伝えようとはしていません。自分は過去にとらわれいつまでもグジグジしているのはきらいな人間なのですが、日本人である以上、正しい日本の歴史を知る必要があると思います。こ

れからもこういった施設は大切に保管してほしいと思います。（高三　W・N君）

・今回、見学に行って思ったのは、情報量の多さでした。何よりも、今まで学んできたのはたった一部であり、たくさんの戦い、多くの功績をあげたうえでの、多くの人が亡くなっていったのだと思います。人の命を軽んじてはならぬことを再確認したと同時に、多くの人々によって、日本の今が作られているのだと。思うことは人それぞれあるかと思います。それでも、このように多くの意味と起きたことを残すこと、それが一番大切かと感じました。（高一　D・J君）

否定された戦後の歴史教育

戦後は、歴史教育そのものが、GHQ（占領軍）によって、実質的に否定されて始まった。その結果、歴史という教科がなくなり、昭和二十二年に新設された社会科（地理・歴史・公民）の一部として位置づけられた。

しかも、高校では、日本史（国史ではなく）が社会科の中の選択科目となった。

高校の社会科は「地理・歴史」と「公民」に分類されているが、「地理・歴史」は「世界史A」「世界史B」から一科目を選択し、さらに、「日本史A」「日本史B」「地理A」「地理B」の四科目のうちから一科目の、合わせて二科目を選択するようになっている。

つまり高校では、世界史は必ず勉強しなければならないが、日本史は選択しない限り全く勉強しないでよいということだ。

いまだに、日本人でありながら日本の歴史を勉強することがこのように軽んじられているのだ。

ただ、偏向した自虐史観を教えられるくらいなら、やってくれない方がまだましというものだが……。

これが戦後の歴史教育の実態だ。

これで、国を愛する心が育つはずがなく、ひいては日本人としての誇りも、そして自分自身に対する誇りも生まれてはこない。

そのような教育で育った世代が、すでに幾世代も繰り返されてきたのだ。

この連鎖を思い切って断ち切らねばならない時が来た。

当校の歴史授業

当校の基本的な方針は、道徳教育と共に、歴史教育に重点的に取り組むという点だ。その方針に基づいて、日本史Bは必修科目（年四単位）にしている。（日本史AとBは内容のボリュームの違い。Bの方が詳しい内容、使用している教科書は『新編日本史』）しかも、歴史教育は社会科の一環としてだけではない。全ての科目で歴史をテーマにできるよう工夫を凝らしている。

だから、先生たちは自らが歴史の素養を身につけなければならない。

通信制高校でのスクーリングは、全日制高校と違って、その教科にどうやって生徒に興味を持たせ、やる気にさせるかが、それぞれの授業に当たっての最大テーマとなる。生徒たちは、日常の学習を自宅でしているから、学校は直接監督ができない。生徒の自己管理である。だから、生徒たちのやる気にかかっているのである。

従って、スクーリングは「脱・教科書」の授業となる。個々の教師それぞれが、工夫を凝らして教材を作るのである。

その教材に、歴史を題材としたものを取り入れる工夫をしているのである。

例えば、国語では、ＧＨＱの占領政策について書かれている本を教材に使って、その部分を読ませて、感想を書かせたりしているし、英語では、特攻隊員の遺書の英訳本を教材にして、和訳させる授業に取り組んだりしている。

肝心要の社会科の日本史授業は、近現代史を中心に、『正しい歴史』を独自の教材を使って実施している。

将来は、これらの教材を教科ごとに集めて副読本を作る計画である。

また、社会科の先生の一人が、独自で「偉人伝」をポプラ通信（当校の生徒への通信誌）に毎月連載しており、各教科で、必要に応じて積極的に教材として活用している。

すでに発表したものと執筆予定の人物は次の通りである。現代からさかのぼって取り上げていく人物史だ。

これなどもやがては一冊の本にまとめて副読本にする予定である。

ポプラ通信「日本史偉人伝」

担当　徳永頼一　社会科

平成二十二年
1月　昭和天皇①　2月　昭和天皇②　3月　松下幸之助　4月　黒澤明
5月　吉田茂　6月　湯川英樹　7月　ラダ・ビノード・パール
8月　東条英機　9月　栗林忠道　10月　中川州男　11月　大西瀧治郎
12月　鳥浜トメ

平成二十三年
1月　藤原岩市　2月　杉原千畝　3月　樋口季一郎　4月　八田與一
5月　松江豊寿　6月　川端康成　7月　後藤新平　8月　司馬遼太郎
9月　牧野伸顕　10月　広田弘毅　11月　野口英世　12月　石橋正二郎

平成二十四年

1月　北里柴三郎　　2月　山田耕筰
3月　特別編　東日本大震災の殉職者（警察・消防・他関係者）
4月　柳田国男　　5月　池田菊苗　　6月　新渡戸稲造
7月　夏目漱石　　8月　樋口一葉　　9月　滝廉太郎　　10月　桂太郎
11月　乃木希典　　12月　東郷平八郎

〈予定〉
福沢諭吉　　小泉八雲　　小村寿太郎　　秋山真之　　秋山好古　　児玉源太郎
広瀬武夫　　井上毅　　元田永孚

日本には、輝かしい歴史がある。

そして尊いご皇室を中心とする独自の国柄がある。

国際儀礼で、世界各国の国家元首の中で、格式において最上位は日本の天皇陛下である。その意味するところは、日本の国柄は世界で最も尊いということである。

その誇るべき歴史と正しい国家観を、教育に取り戻していくためにこそ、当校設立の真の目的はあったのである。

第十章

教育者は、問題行動等に対しては、毅然とした態度で適切な指導を行う。

戦後教育は、児童生徒の人権を重んじる余り、子供達の問題行動に対して手も足も出せず、結果的に学級崩壊や学校崩壊といった現象を生み出してしまった。

教育にとって、児童生徒の問題行動に対してどのように指導するかは極めて重要なテーマである。

安倍内閣の時代に、新教育基本法の制定にあわせて、文部科学省が、問題行動に対する指導のあり方についての公式見解を、従来から大きく踏み込んだ内容で、全国の教育長などに通知した。（平成十九年二月五日）

そのなかで懲戒と体罰の考え方を改めて示しているが、なかんずく、対教師暴力や生徒間暴力などに対して、「防衛」「制止」「危険回避」のための有形力の行使は懲罰ではなく、身体への侵害（殴る蹴る等）、肉体的苦痛を与える（正座・直立など長時間保持させる行為）行為が、正当防衛、正当行為として許されるとしている点は重要である。

これまでの見解からすると、まさに画期的とも言える内容である。戦後教育が陥っているジレンマから脱出して、教育現場を生き生きとよみがえらせるきっかけになりうる方向転換だといってもよい。

必要となるのは、教師の自信と勇気と体力及び必要最小限の技術だ。

そして、その根本に生徒への深い愛情がなければならないことは言うまでもない。

教育者は、児童生徒の問題行動に対しては、毅然として臨み、平常心で状況に応じた適切な指導ができなければならない。

そのための日々の修練が最も重要である。

反抗する生徒たちと、我々の戸惑い

開校して二～三年は、結構大変だった。

私自身が、教育は全く未経験のまま校長として現場に入って、若い先生たちと手探り状態で、全てが始まった。

しかし、当校の教職員は本当に良く頑張った。

私は、そんな彼らを見て、将来の日本は大丈夫だと、幾度も胸をなでおろすことがあった。

ただ、生徒たちの現実は、その逆で、日々、日本の将来への絶望感にさいなまれる自分との戦いでもあった。

とにかく反抗的なのだ。

かと思うと、その逆で、自分の殻の中に引きこもって、何を話しかけても、反応なしの子もいる。

特に、注意しても言うことを聞かない子や、反抗して教師に暴力をふるう子もいる。

授業中、しゃべりっぱなしの女の子もいる。

スクーリングの期間中、トラブルが絶えないのだ。

今思うと、彼らは彼らの知っている前籍校や出身中学校と、勇志も同じだろうと思ってきていたから、それまでの学校生活の延長であっただけなのかもしれない。

その結果、彼らは我が校への転校を余儀なくされたのではあるが……。

私自身にも迷いがあった。生徒数も少なかったから、経営を考えたら、とにかく学校を辞めさせないようにと思うから、甘い対応になっていたのかもしれない。

そのような私の迷いが、先生たちに反映していたのだった。

体罰は是か非か

迷ったり、失敗したりを繰り返しながら、新たな課題にぶつかった。

『体罰は是か非か』という古くて新しい現実の問題だ。

法制上、体罰は是も非もない。訴訟になったら、一〇〇%教師側が負ける。だからできない。それは分かっていても、現場では通用しない場面があるのだ。

一度生徒からなめられたら、その先生はずっとなめられ続ける事になる。公立だったら転勤があるから、新しい赴任校でやり直す事ができるが、転勤がない私立はそうはいかないのだ。

暴れる生徒を制止できなかったら、おとなしい生徒たちは、この学校に入ってこなくなる。つまり経営的に破綻するということだ。

だから、問題行動を起こす生徒への指導上、「体罰は是か非か」というテーマは、我々にとってはまさに死活問題として浮上してきたのである。

そもそも体罰とは何か。

体罰は、国語大辞典によれば、『直接肉体に苦痛を与える罰』とある。

校長及び教員には、教育基本法第十一条によって、学生、生徒及び児童に懲戒を加えることができると規程されている。

体罰もその懲戒の方法の一つであるが、但し書きで、「体罰を加えることはできない」とあり、禁止されていることは改めて言うまでもない。

では暴れる子をどうやって指導するのか。

私は、教育は強制力を伴うものでなければならないと思っているが、いくら「教育は強制だ」と大きな声を上げても、その強制力を担保するものがないではないか。

県会議員時代は、「体罰を解禁せよ」と主張していたのを思い出したが、現実はそんなに甘くはない。ぶん殴って済むなら、現場としてはこんな楽なことはない。

体罰で教師が訴えられたら、その罰金は誰が払うのか。若い先生たちにその経済力はない。たとえあっても、それは学校が負担しなければ、先生たちは報われない。

さらには、マスコミに報道されて生徒の入学が減少する事も想定しなければならない。

結局、体罰は学校を潰しかねないのである。


何か方法はないものか。

私と勇志国際高校の、この問題に対する試行錯誤が始まった。

解決策を見出さない限り、学校を作った意味がなくなると、真剣だった。

そして、解決策をついに見出した。

体罰ではなくて、強制力を教育に担保する事ができる方法があったのだ。

この章で論じる内容こそ、その解決策である。

その前に、体罰などに対する政府の見解に、根本的な変化があったことを、冒頭ふれたが、そのことについて詳述する。

政府見解の内容と解説

安倍晋三内閣は、長年の国家的課題といわれながら、歴代内閣が手もつけられなかった『教育基本法』の全面改正を断行し、新教育基本法が成立した。平成十八年十二月十五日のことだ。

これに伴い、翌、平成十九年二月五日付けの、文部科学省初等中等教育局長銭谷眞美名で、各都道府県教育委員会教育長、各指定都市教育委員会教育長、各都道府県知事、付属学校を置く各大学法人学長あての、

『問題行動を起こす児童生徒に対する指導について』

という題名の通知が出された。

この通知は、体罰については従来どおりの禁止とする考えを変えるものではないが、教師等への暴力や、生徒同士の暴力への対応の内容が、従来の政府見解から、大きく踏

み込んだ画期的なものになっているのである。

特に重要と思われる同通知の『別紙』の「学校教育法第十一条に規程する、児童生徒の懲戒・体罰に関する考え方」を紹介する。

別紙
『学校教育法第十一条に規程する児童生徒の懲戒・体罰に関する考え方』

一　体罰について

(1) 児童生徒への指導に当たり、学校教育法第十一条ただし書にいう体罰は、いかなる場合においても行ってはならない。教員等が児童生徒に対して行った懲戒の行為が体罰に当たるかどうかは、当該児童生徒の年齢、健康、心身の発達状況、当該行為が行われた場所的及び時間的環境、懲戒の態様等の諸条件を総合的に考え、個々の事案ごとに判断する必要がある。
(2) (1)により、その懲戒の内容が身体的性質のもの、すなわち、身体に対する侵害を内容とする懲戒（殴る、蹴る等）、被罰者に肉体的苦痛を与えるような懲戒（正座・直立等特定の姿勢を長時間にわたって保持させる等）に当たると判断された場合は、体罰に該当する。

（3）個々の懲戒が体罰に当たるか否かは、単に、懲戒を受けた児童生徒や保護者の主観的な言動により判断されるのではなく、上記（1）の諸条件を客観的に考慮して判断されるべきであり、特に児童生徒一人一人の状況に配慮を尽くした行為であったかどうか等の観点が重要である。

（4）児童生徒に対する有形力（目に見える物理的な力）の行使により行われた懲戒は、その一切が体罰として許されないというものではなく、裁判例においても、「いやしくも有形力の行使と見られる外形をもった行為は学校教育法上の懲戒行為としては一切許容されないとすることは、本来学校教育法の予想するところではない」としたもの（昭和五十六年四月一日東京高裁判決）、「生徒の心身の発達に応じて慎重な教育上の配慮のもとに行うべきであり、このような配慮のもとに行われる限りにおいては、状況に応じ一定の限度内で懲戒のための有形力の行使が許容される」としたもの（昭和六十年二月二十二日浦和地裁判決）などがある。

（５）有形力の行使以外の方法により行われた懲戒については、例えば、以下のような行為は、児童生徒に肉体的苦痛を与えるものでない限り、通常体罰には当たらない。

○ 放課後等に教室に残留させる（用便のためにも室外に出ることを許さない、又は食事時間を過ぎても長く留め置く等肉体的苦痛を与えるものは体罰に当たる）。

○ 授業中、教室内に起立させる。

○ 学習課題や清掃活動を課す。

○ 学校当番を多く割り当てる。

○ 立ち歩きの多い児童生徒を叱って席につかせる。

（６）なお、児童生徒から教員等に対する暴力行為に対して、教員等が防衛のためにやむを得ずした有形力の行使は、もとより教育上の措置たる懲戒行為として行われたものではなく、これにより身体への侵害又は肉体的苦痛を与えた場合は体罰には該当しない。また、他の児童生徒に被害を及ぼすような暴力行為に対して、これを制止したり、目前の危険を回避するためにやむを得ずした有形力の行使についても、同様に体罰に当たらない。これらの行為については、正当防衛、正当行為等として刑事上又は民事上の責めを免れうる。

二　児童生徒を教室外に退去させる等の措置について

（1）単に授業に遅刻したこと、授業中学習を怠けたこと等を理由として、児童生徒を教室に入れず又は教室から退去させ、指導を行わないままに放置することは、義務教育における懲戒の手段としては許されない。

（2）他方、授業中、児童生徒を教室内に入れず又は教室から退去させる場合であっても、当該授業の間、その児童生徒のために当該授業に代わる指導が別途行われるのであれば、懲戒の手段としてこれを行うことは差し支えない。

（3）また、児童生徒が学習を怠り、喧騒その他の行為により他の児童生徒の学習を妨げるような場合には、他の児童生徒の学習上の妨害を排除し教室内の秩序を維持するため、必要な間、やむを得ず教室外に退去させることは懲戒に当たらず、教育上必要な措置として差し支えない。

（4）さらに、近年児童生徒の間に急速に普及している携帯電話を児童生徒が学校に持ち込み、授業中にメール等を行い、学校の教育活動全体に悪影響を及ぼすような場合、保護者等と連携を図り、一時的にこれを預かり置くことは、教育上必要な措置として差し支えない。

この別紙の各項目の中で、重要なのは、「一、体罰について」の（6）である。対教師暴力への対応と生徒間暴力への対応についての、文科省としての公式な見解が書かれている。

まず対教師暴力について、教員等が『防衛』のためにやむを得ずした有形力の行使が、生徒に対して『身体への侵害または肉体的苦痛』を与えたとしても、これは体罰に当たらず、正当防衛または正当行為であって刑事上また民事上の責任を免れうるとしている。

生徒間暴力に対しても、これを『制止』したり、『危険回避』のための有形力の行使も同様であるとしている。

改めて言う。

『有形力』とは、『目に見える物理的な力』である。

『身体への侵害』とは、『殴る、蹴る等』の行為である。

いずれも同通知の文面で解説してあるのを、そのまま紹介した。

すなわち、生徒が教師に暴力をふるう時、自己防衛のために殴る・蹴るなどの有形力を行使できるということであり、生徒間の暴力を制止したり、危険を回避するための殴る・蹴るなどの有形力の行使もできるという内容になっているのである。もちろん必要最小限でなければならない事は言うまでもない。

従来の文科省の見解は、次のような内容であった。

「**文部省（当時）の体罰に対する見解**」

要するに体罰とは、物理的行為によって身体に侵害を加える場合及び生徒にとって社会通念上許されない程度の肉体的苦痛を生じさせるものである。

但し、身体に侵害を加える行為が全て体罰として禁止されるわけではない。傷害を与えない程度に軽くたたく行為は、父兄が子供に対して懲戒として通常用いる躾であり、校長及び教員が単なる怒りに任せたものではない教育的配慮に基づくものである限り、軽く叩くなどの軽微な身体に対する侵害を加えることも事実上懲戒として許される。

つまり時には、叩くことが最も効果的な教育方法である場合もあり、いわゆる「愛の鞭」として許される程度の軽微な身体への行為ならば行っても差し支えない。しかし、同時に心身の未発達な生徒の人権の保護についてはあくまでも慎重を期さなければならない。

たとえ教育者としての愛情から出た行為であっても傷害を与えるようなものではなくても、なるべく身体の侵害と受け取られるような行為は避けるように努力することが望ましいといえよう。

（文部省初等中等教育局教務関係研究会：教務関係執務ハンドブック）

軽くたたくくらいは『愛の鞭』であって体罰にはならないという趣旨であり、対教師暴力や生徒間暴力への対応については全く触れていなかったのである。

この問題については、日本弁護士連合会の公式見解が存在したので次に紹介する。

「日本弁護士連合（日弁連）の体罰に関する見解」

児童、生徒が「いじめ」など生徒間で暴力をふるっているとき、また教師に暴力をふるい、あるいは学校建物、器物を暴力で損壊しているときなどで、これを実力で制止する行為は体罰ではない。

しかし、「制止」の程度を超えてその機会に「なぐる」「ける」等の行為に及べば体罰となる。但しこの場合には、正当防衛、緊急避難の成立の余地があるのでその考慮が必要となる。

（「子どもの人権救済の手引き」一九八七）

日弁連の見解は、対教師や生徒間の暴力を、実力（有形力）で制止するのはよいが、殴る蹴るなどの行為は体罰になるからだめですよ、という趣旨である。

これに対して、平成十九年二月五日の文科省通知は、この日弁連見解を超えて、これらの場合においては、「殴る・蹴る」の行為も体罰ではなく、したがって、正当防衛や正当行為だから、許されるというのである。

私が、画期的な通知であるという意味は正にこの点にある。

従来、教育委員会は、生徒が教師に暴力をふるってきたら「逃げろ」と、また生徒間の暴力があったら「近寄るな」と、現場に対して、指導していたのである。

その結果、

『いじめにより児童生徒が自らの命を絶つという痛ましい事件が相次いでおり、児童生徒の安心・安全について国民間に不安が広がっています。また、学校での懸命な種々の取り組みにもかかわらず、対教師あるいは生徒間の暴力や施設・設備の毀損・破壊行為等は依然として多数にのぼり、一部の児童生徒による授業妨害なども見られます』

（文科省通知『問題行動を起こす児童生徒に対する指導について』の冒頭の記述）

というような学校現場の荒廃を招いたのである。

しかし、前掲した別紙文科省の通知によって、状況は大きく変化したのである。

教育を荒廃した現状から正常化するには、逃げてはならない。毅然として立ち向かえと文科省が言っているのだ。

もちろん、これだけでは、現場は対応に混乱が生じる。要は教師側の実力の問題となるからである。

今まで逃げていた先生たちが、逃げずに暴力に立ち向かっていかねばならないのだ。

現場に周知されていない!!

この通知は、各都道府県の教育長や知事などに出されたものである事は先に書いた。

そしてその冒頭の通知文の締めくくりには次の通り書いてある。

「なお、都道府県・指定都市教育委員会にあっては所管の学校及び域内の市区町村教育委員会に対して、都道府県知事にあっては書簡の私立学校に対して、この趣旨について周知を図ると共に、適切な対応がなされるようご指導願います。」


ところが、その周知どころか、今までこの『通知』の存在を知っていた先生方にお会いした事がないのだ。それは管理職の先生から生徒指導を担当している先生まで、誰一人ご存じないのである。

もちろん、私も知らなかった。自分で調べたからその存在が分かったのだ。

まずは、この通知の趣旨を、広く学校現場で苦労しておられる先生方に知っていただきたいのである。

その上で、問題行動に対する生徒指導のあり方について、具体的事例を想定しながら研究し、最低限の技術の習得と気力体力を充実させる方策を講じなければならない。

解決策はこれだ

当校では、数年前からこの通知に則っての対応を進めてきた。さまざまな事例を想定して、『教師のための護身術』を作り、教職員の修練に努めて来た。

その結果は、この章の最後に報告するが、きわめて大きいものがあった。

戦後教育が、陥ってきたジレンマから抜け出す為の方法論の一つとして、我々の実践が生かせないものかと、切に願わずにはおれないのである。

勇志国際高等学校教職員のための護身術

心構え

1 この護身術は、生徒による生徒への暴力、教職員への暴力、校舎建物、器物への暴力による損壊行為などを、実力で制止するための技術である。

2 習得する目的は、学校現場の教育者として、いかなる状況にも対応ができる実力と自信を養成して、生徒指導に資することにある。

3 個々の技術習得に当たっては、相手に危害を与えずに効率的かつ効果的に制圧することを基本としなければならない。

技術編

1、対徒手

(1) 組み打ち

①片手取り
ア、離脱　○順手取り　○逆手取り　○クロス取り
イ、小手捻り　　　　ウ、小手返し
②両手取り
ア、両手片手取り　イ、両手両手取り
③襟取り
ア、片手襟取り　○右（左）手左（右）襟取り　○右（左）手右（左）襟取り
イ、両手両襟取り　○顎極め　ウ、後襟取り
④ネクタイ取り
⑤袖取り
ア、前袖取り　イ、後袖取り
⑥肩取り
ア、前肩取り　イ、後肩取り
⑦胸押し
ア、片手押し　イ、両手押し　ウ、壁際

⑧　首絞め
ア、片手前締め　イ、両手前締め　ウ、両手後締め　エ、裸締め
オ、壁際
⑨　組み付き
ア、前抱え（両手の上から・両手の下から2種）
イ、後抱え（両手の上から・両手の下から2種）
ウ、首抱え　エ、ヘッドロック
（2）離れた場合
①　パンチ　②　キック　③　タックル

2、対武器
（1）ナイフ　（2）長物

3、寝技
（1）腹ばい　（2）仰向け　（3）馬乗り

4、制圧
（1）倒してからの連絡技　（2）連行

生徒が変わった！

護身術の稽古は、策定以来、スクーリング中はできないが、そうでないときには基本的に毎日、終礼後に実施して来た。最近なかなか忙しくて時間が取れないでいるが、それでも空き時間を利用しては実施している。

この護身術は、講道館護身術、警察官の逮捕術、合気道、空手、相撲、レスリングなど、あらゆる武道や格闘技を研究して策定した。

昔、青年海外協力隊時代に、マレーシア警察と軍隊で逮捕術の指導に当たった際、現地の特殊事情に合わせて策定した「格闘術」を思い出しながらの作業であった。

対教師暴力として想定される状況に応じて、相手に対しての危害はほとんど与えることなく、極めて効果的に効率よく制圧できるようになっている。

しかも、熟練の必要はなく、覚えてさえもらえば、とっさに、誰でもできるような技であるから、当校では女子教職員にも評判が良い。

護身術の稽古を始めるのと並行して、教職員の職務規定を改定した。

『対教師暴力、生徒間の暴力、学校の施設・設備への破壊行為などに対しては、これを実力で制止しなければならない』

と、職務上の義務とした。

職務上の義務だから、先生たちは、これらの問題行動があった場合は、毅然として対応しなければ、校長である私から相応の処分を受ける事となる。

だから、護身術の練習にも気合が入る。

すると、先生たちの顔つきから変わってきた。自信に満ちてきたのだ。振舞いもどこかしら堂々としてきた。

先生たちが変われば生徒が変わる。

それ以来、生徒の問題行動が無くなったのだ。

生徒たちは、先生たちの雰囲気を敏感に感じて反応する。

ここまで顕著に効果が現れるとは、さすがに私も想像していなかった。

また一つ、勇志伝説が生まれた。

終章　一通の手紙

この原稿を書き終えようとする頃、当校の七回目の卒業式（平成二十四年三月一日）があった。

卒業生は三三二名、御所浦の会場の参加者は、卒業生八十四名、保護者五十八名であった。

開校以来の卒業生の総数が一二八九名（平成二十四年三月）となった。

当校は広域の通信制高校であるから、北は北海道から南は沖縄にいたる全国各地に在籍者がいる。したがって卒業式や入学式などは、近隣の生徒が出席し、遠隔地の生徒は、近くに学習センターがあればそこで参加するし、なければネットで参加するしかない。

今年の八十四名は、今までで最も多かった。

参列してくださった来賓の皆さん方からは、感動的な素晴らしい卒業式であったと嬉しい評価をいただいた。

私は、卒業証書を授与しながら、卒業生一人ひとりが入学してきた時の状況を思い出し、見違えるほどたくましく立派になったその顔に、万感の思いがこみ上げてくるのを禁じえなかった。

式が終了したあと、卒業生の高尾君兄弟のお父さんが、

「あとで読んでください」

と言って、一通の手紙を渡された。その一部を紹介する。

厳しかった冬の寒さもようやく遠ざかり、いよいよ春も近いと思える気候になってまいりました。

この度は、貴校にお世話になっておりました私どもの二人の息子がついに卒業の日を迎える事ができました。

これも、校長先生はじめ、諸先生方の温かいご指導によるものと心より感謝いたしております。

思えば、二人の息子たちが立て続けに不登校となり、勉強はおろか、机の前に座る事さえできなくなり、二次障害として鬱《うつ》にさえなってしまった時には、どこにも希望の光

も見えず、暗澹《あんたん》とした日々の中に、私たち親までもが鬱屈《うっくつ》した精神状態になって本当に苦しい思いをいたしました。

その後、当地の不登校児をもつ親の会に参加させていただき、多くの癒しと学びをえることができ、私たちは徐々に気持ちを落ち着かせる事ができました。

ただ、どうしても学校に行くことができない、何とか高校に入学しても、教室に行くことができない子供たちをどのようにして立ち直りの道に導けばよいのか悩んでおりました。

そのような時に、その親の会の、ある参加者の子供さんが貴校で学び、卒業されたことを知り、一縷の望みを抱いて子供達を貴校へ転校させたのです。

当初、二年の後期に貴校に入学した兄は、ネット授業でさえなかなかまともに受けることができず、結局二度目の二年生となりましたが、その後入校した弟と共に何とかレポートを遅れながらも出す事ができるようになりました。

不安そうな顔で初めてのスクーリングに向かう船に乗り込むふたりを見送った際は、ちゃんと最後までスクーリングを受けることができるのだろうか？　途中で帰ってくるのではないだろうかと気をもんでおりましたが、そのような心配は杞憂に終わり、帰りの船から降り立った彼らの表情は、それまでに見たことも無いほどに精悍で、生き生きとしておりました。

その顔を見たとき、やはり貴校を頼ったのは間違いではなかったと確信いたしました。三年になってからも、なかなか親が期待するようにはいかないものの、子供達の精神状態も随分と回復してまいりました。

——中略

そして貴校に入学した時には、考える事もできなかったことですが、卒業後は二人で東京の専門学校にいくことになりました。

このように子供達の立ち直りにおいて貴校が果たした役割はとても大きなものでした。貴校の存在を知らなければ子供達の今は果たしてあったでしょうか？くり返し何度感謝しても足りません。

——後略

この兄弟の進路が決定するまでには、担任を中心とする進路指導担当の先生たちの、熱心な指導があったことは言うまでもない。

この手紙を職員に回覧して、改めて終礼で次のように話した。

「我々がお預かりしている生徒一人ひとりは、皆この手紙にあるような深刻な悩みを持った家族がいるのです。そして立ち直っていく生徒たちのバックには、このような家族の悦びがあるのです。改めて心を引き締めて業務に当たっていきましょう」

卒業式は終わったが、今年度内のスクーリングが三月末までにあと三回ある。来週月曜日から五十九名の生徒たちが各地からやってくる。

通信制のよさは一杯ある。

しかし一つだけ我々教職員にとって物足らないところがある。

それは生徒たちと会えるのが、基本的にスクーリングのときだけということだ。

だから、我々はいつも首を長くしてその日を待っている。

初めて会う生徒、約一年ぶりに会う生徒、様々な悩みを抱えてやってくる。

そして、四泊五日の日程を終えて帰路につくときには、来たときとはまったく違う明るく自信に満ちた輝いた顔をして、海上タクシーに乗る。

生徒たち一人ひとりが帰る先には、高尾君兄弟のご両親と同じように、子供達の変り様に驚き喜ばれる家族の顔が待っているのだ。

あとがき

この本を出版するに当たって、多くの方々にお世話になった。

まず学校法人青叡舎学院・勇志国際高等学校理事長の熊本叡径先生の肝いりで出版となった。

そのきっかけを日本政策研究センター代表の伊藤哲夫先生が作ってくださった。

そして高木書房の斎藤信二社長と綿密な打ち合わせと氏からの適切なアドバイスがあって形ができた。

さらに、畏友木村将人先生には、何度も推敲していただいた。先生は青森県で長年中学校の国語の先生をしておられたが、今は株式会社縄文環境開発の社長として忙しい合間を縫って、何度も何度も赤ペンを入れてくださった。

先生はかつて森信三先生から「教育界の鬼才」と評された方だと聞き及んでいる。

今は企業家として環境問題に真正面から取り組んでおられるが、熱烈な愛国心に基づいた教育を憂える至情は、なお盛んである。

本文中に紹介した当校の先生方の手記は年度末の最も忙しい時期に煩わせる事になったが、喜んで協力してもらう事ができた。


本文中に紹介できなかったが勇志国際高校を支えてきた多くの教職員がいる。全員の総合力で今の「勇志」がある。

石戸谷浩一副理事長、桜井剛事務局長兼理事、田中正貴理事、井上香代千葉学習センター長、武田祐巳子教諭、経理の加藤祐介、小島麻乃、熊本学習センターでは、野田勇介総務係長、山村千映事務主任、上野耕司広報担当、福田優美事務担当……。

そして本校では、開校以来頑張ってきた保健体育中田滋樹教諭、英語担当櫻庭朋子教諭、同じく三浦朋子教諭、事務を担当している山口陽子、永山麻理教諭（社会科兼務）、長塚友作、福山美佐、育児休暇中の脇田千尋（すでに退職した方もいるが割愛した）である。

また、当校の母体は教育特区時代の株式会社清風学園であるが、その生みの親は、熊本叡径現勇志国際高校理事長が創業者である青山英語学院及びKEN日本語学院である。陰に陽に当校を支えていただいたからこそ、今日があることを強調しておきたい。

以上の皆さんの支えがあって、この本を出版できた。
心から感謝申し上げる次第である。

平成二十四年三月三日

野田 将晴

勇志国際高等学校の沿革

平成 17 年 3 月 11 日　株式会社清風学園設立（代表取締役・熊本叡径）
平成 17 年 3 月 11 日　旧御所浦町教育特区として株式会社清風学園に対して勇志国際高等学校の設立認可（旧御所浦町長）
平成 18 年 4 月 1 日　市町合併により天草市教育特区となる。
平成 22 年 3 月 19 日　学校法人　青叡舎学院設立認可（熊本県知事）
平成 22 年 3 月 19 日　勇志国際高等学校の設置者を株式会社清風学園から学校法人青叡舎学院に変更することの認可（天草市長）
平成 22 年 4 月 1 日　勇志国際高等学校設置者が株式会社清風学園から学校法人青叡舎学院に変更

理事長　熊本叡径　　校長　野田将晴
所在地　熊本県天草市御所浦町牧島１０６５－３（〒 866-0334）
電話　０９６９－６７－３９１１　ＦＡＸ　０９６９－６７－３９５０
ホームページ　http://www.yushi-kokusai.jp

学習センター　熊本学習センター
熊本市中央区九品寺 2-1-24 九品寺ビル１Ｆ（〒 862-0976）
電話　096-351-5931
福岡学習センター
福岡市博多区博多駅前 2-20-15 第７岡部ビル７Ｆ（〒 812-0011）
電話　092-433-5931
千葉学習センター
千葉県松戸市新松戸４－４８（〒 270-0034）
電話　047-346-5555
東京学習センター
東京都文京区本郷 3-3-12　ケイズビル８F（〒 113 － 0033）
電話　03-5684-5931

恐竜の島　御所浦町〔写真提供：天草市御所浦支所〕

御所浦町〔写真提供：天草市御所浦支所〕

御所浦町〔写真提供：天草市御所浦支所〕

野田 将晴（のだ まさはる）
昭和２０年 生まれ
熊本県出身
熊本県警察官（昭和３９年～昭和５１年）
青年海外協力隊（マレーシアで２年間柔道・逮捕術指導）（昭和４５年３月～同４７年）
元号法制化運動に没頭するため警察官を辞職（昭和５１年６月）
熊本市議会議員（１期）
熊本県議会議員（３期）
勇志国際高等学校校長　　　柔道６段

教育者は、聖職者である。

平成二十四年四月二十八日　第一刷発行
平成二十六年七月二十六日　第三刷発行

著　者　野田　将晴
発行者　斎藤　信二
発行所　株式会社　高木書房
〒一一四-〇〇一二
東京都北区田端新町一-二一-一-四〇二
電話　〇三-五八五五-一二八〇
FAX〇三-五八五五-一二八一
装　丁　株式会社インタープレイ
印刷・製本　株式会社ワコープラネト

　ISBN978-4-88471-092-7　